Quem é meu mestre?

Dados Internacionais de Catalogação na Publicação (CIP)
(Câmara Brasileira do Livro, SP, Brasil)

Leloup, Jean-Yves
　　Quem é meu mestre? : à escuta do Mestre interior / Jean-Yves Leloup ; [tradução Karin Andrea de Guise]. – Petrópolis, RJ : Vozes, 2023.
　　Título original: Qui est mom maître? À l'écoute du Maître intérieur.
　　ISBN 978-65-5713-801-4
　　1. Autoconhecimento – Aspectos religiosos – Cristianismo 2. Espiritualidade – Cristianismo I. Título.

23-151015　　　　　　　　　　　　　　　　CDD-204.2

Índices para catálogo sistemático:
1. Autoconhecimento : Aspectos religiosos : Cristianismo　　204.2

Aline Graziele Benitez – Bibliotecária – CRB-1/3129

Jean-Yves Leloup

Quem é meu mestre?

À escuta do mestre interior

Tradução de Karin Andrea de Guise

EDITORA VOZES

Petrópolis

© Presses du Châtelet, 2021

Tradução realizada a partir do original em francês intitulado *Qui est mon maître? À l'ecoute du Maître intérieur*

Direitos de publicação em língua portuguesa – Brasil:
2023, Editora Vozes Ltda.
Rua Frei Luís, 100
25689-900 Petrópolis, RJ
www.vozes.com.br
Brasil

Todos os direitos reservados. Nenhuma parte desta obra poderá ser reproduzida ou transmitida por qualquer forma e/ou quaisquer meios (eletrônico ou mecânico, incluindo fotocópia e gravação) ou arquivada em qualquer sistema ou banco de dados sem permissão escrita da editora.

CONSELHO EDITORIAL

Diretor
Volney J. Berkenbrock

Editores
Aline dos Santos Carneiro
Edrian Josué Pasini
Marilac Loraine Oleniki
Welder Lancieri Marchini

Conselheiros
Elói Dionísio Piva
Francisco Morás
Gilberto Gonçalves Garcia
Ludovico Garmus
Teobaldo Heidemann

Secretário executivo
Leonardo A.R.T. dos Santos

Editoração: Fernando Sergio Olivetti da Rocha
Diagramação: Sheilandre Desenv. Gráfico
Revisão gráfica: Nilton Braz da Rocha
Capa: Renan Rivero

ISBN 978-65-5713-801-4 (Brasil)
ISBN 978-2-3819-5007-5 (França)

Este livro foi composto e impresso pela Editora Vozes Ltda.

Sumário

Parte I – Abordagens contemporâneas sobre a noção de mestre interior, 7
1. Quem é meu mestre?, 9
2. *Ágape* como mestre interior, 13
3. Consciência como mestre interior, 16
4. O mestre interior como presença arquetípica, 19
5. O mestre interior e os tetramorfos, 38

Parte II – Cartas a um jovem poeta como um convite para ouvir o mestre interior, 51

Parte III – Do mestre interior à presença do anjo, 77
6. De Rilke à questão do mestre interior, 79
7. A tradição tibetana, 108
8. O anjo como mestre interior, 114
9. Anjos nos textos bíblicos, 117
10. Além da Bíblia, o anjo como mestre interior, 140
11. O mestre interior e os diálogos com o anjo, 149
12. O Espírito de Cristo como mestre interior, 170

Parte I

Abordagens contemporâneas sobre a noção de mestre interior

1
Quem é meu mestre?

O mestre do meu desejo, dos meus pensamentos, da minha vida, dos meus atos? O que me leva a agir de uma maneira ao invés de outra? O que me convida ao silêncio ou, pelo contrário, impele-me à ação?

Dois grandes mestres parecem nos dirigir: o medo e o desejo, que estão frequentemente na raiz dos nossos atos, ao invés da serenidade e do amor. Perguntarmos a nós próprios sobre o mestre é nos interrogarmos sobre o que somos.

Não são questões vãs, e talvez devêssemos dar-nos o tempo necessário para escutarmos de onde vêm nossas atrações e nossas repulsas e compreender que o nosso mestre, na maior parte dos casos, é o nosso passado; ou seja, nosso inconsciente.

Mas qual inconsciente? Em qual nível de profundidade ele está enraizado? É o que, em um primeiro momento, teremos que descobrir antes de nos interrogarmos sobre a função do mestre nas grandes tradições espirituais da humanidade, e o despertar possível daquilo que chamamos de mestre interior, ao mesmo tempo "mais eu do que eu mesmo e completamente diferente de mim mesmo", imanente e transcendente, capaz de iluminar, esclarecer e confortar o que há de mais humano e de mais divino no homem.

1) Meu mestre é o meu ambiente circundante, o ar, meus encontros, a moda, as mídias?

2) Meu mestre é a minha consciência ou o meu inconsciente familiar? Meu código genético? Meu pai, minha mãe, minha família próxima?

3) Meu mestre é o meu inconsciente transgeneracional, meus ancestrais, ou os fantasmas da minha família?

4) Meu mestre é o meu inconsciente coletivo, a civilização à qual pertenço e que me dita o que devo pensar, que me diz o que é bom, o que é ruim?

5) Meu mestre é o cosmos, a grande natureza, as estações do ano, os climas aos quais eu pertenço e que decidem sobre minha tristeza ou alegria de viver?

6) Meu mestre é uma ideia, um arquétipo, uma consciência angélica que me esclarece, que me ilumina ou me guia ou que me enclausura e faz com que eu me perca?

7) Meu mestre é a profundeza do meu ser, o Self, o eu sou o que sou?

8) Meu mestre é a Fonte do meu ser, a Fonte do Self, do Eu Sou? O Ain Sof, o infinito, o incompreensível, o inalcançável, um "obscuro e luminoso silêncio"?

Interrogar-me desta maneira seria uma maneira de beber do cálice daquilo que eu sou e discernir qual nível de consciência ou de inconsciência me impele a viver, a pensar, a agir?

O mestre interior que eu busco estará no fundo do cálice? Pode acontecer que eu venha a sentir este fundo, mas é sempre através dos outros níveis da minha realidade que eu o percebo.

O Ain Sof, ou o "eu sou quem sou", manifesta-se para mim através dos conteúdos, experiências, reflexões, arquétipos que me habitam através do universo no qual estou, da civilização que me viu nascer, dos ancestrais, da família e da sociedade que me carrega e sustenta.

1	Ser e consciência social.	Eu sou o filho, o discípulo ou o escravo do meu século.
2	Ser e consciência familiar.	Eu sou o filho ou a filha dos meus pais.
3	Ser e consciência transgeracional.	Eu sou o filho da minha linhagem, dos meus ancestrais.
4	Ser e consciência coletiva.	Eu sou o fruto de uma cultura, de uma civilização.
5	Ser e consciência cósmica.	Eu sou o universo, filho, filha das águas, do vento, da terra e do sol.
6	Ser e consciência angélica.	Eu sou a ideia, o arquétipo, o anjo que informa o universo.
7	Ser e consciência essencial.	"Eu sou quem sou."
8	Ser e consciência infinita.	Ain Sof.

Cada nível de ser é um nível de realidade e consciência que eu posso considerar como meu mestre, é aquilo que orienta meus pensamentos, meus desejos, meus atos. No fundo, "eu sou quem sou", o Ser no coração de todos os "entes", o Real presente em todos os níveis de realidade, o zero no um e o múltiplo: o *ápeiron*, o Ain Sof, o infinito...

Este é o único mestre, a Fonte de toda realidade, a Origem de todos os outros mestres, cada um com seu nível de inspiração e de autoridade (essencial, angélica, cósmica, coletiva, ancestral, familiar, social).

O Real é nosso único mestre, Ele não é nem isso nem aquilo (ele é transcendente), e Ele é também tudo isso (imanente).

Ser, consciência, amor, infinito sem limites e Ser, consciência, amor, finitos, limitados, contingentes.

A qualidade do mestre exterior pode ser reconhecida pela sua transparência para com o mestre eterno e infinito (o Real).

O discípulo, para reconhecer essa transparência, deve estar, ele próprio, nesta consciência e neste nível de realidade que é o Ser infinito.

Sem dúvida, não há nem mestre, nem discípulo, nem níveis de consciência e realidade. Há apenas o Real, "tudo em todos", e nenhum elemento deste infinito consegue captar e compreender o infinito.

O ponto está no círculo, o círculo está no ponto.

Quando o ponto esquece o círculo, ele acha que é apenas um ponto.

Quando o círculo esquece o ponto, ele acha que é apenas um círculo.

Cada um acha que é o que é.

Quando paramos de achar que somos isto ou aquilo, o mestre está presente.

Eu sou:

Info-didata?	São as informações, as modas, o ar dos tempos que me dirigem e fazem agir.
Ego-didata?	É o meu pequeno eu, meu egoísmo ou egocentrismo que me inspiram.
Auto-didata?	É o meu eu profundo que me chama.
Eco-didata?	A natureza é o meu mestre.
Cosmo-didata?	É o cosmos visível e invisível que me ilumina e esclarece.
Angelo-didata?	O anjo é o meu mestre.
Teo-didata?	Apenas Deus é o meu Mestre.
Onto-didata?	O Ser que É o que Ele É, "nenhum outro mestre, nenhuma outra realidade além dele".
Meonto-didata?	Além do Ser está o dom do Ser, o silêncio, mestre de todos os mestres.

Com relação ao mestre interior, nós poderíamos retomar as escadas pelas quais tentamos responder a essas questões: Quem ama, quem pensa, quem age em mim? De qual amor, de qual consciência, de qual Deus estamos falando?

2
Ágape como mestre interior

Se eu digo "o amor é meu mestre" e se vivo segundo o preceito de Agostinho de Hipona – "Ama e faz o que quiseres" –, preciso séria e levemente me perguntar de que tipo de amor estou falando.

Qual é a verdade desse amor, qual é a densidade do ser e da realidade que o habita?

Eu simbolizei essa interrogação através da imagem de uma escada ou de uma espiral ascendente.

A verdade do amor é viva; ela é, portanto, capaz de mudança, de metamorfose, de purificação e de evolução. Se o *Ágape* é o meu mestre, Ele me eleva e me desperta incessantemente às formas de amor, de ação e de paciência cada vez mais elevadas, cada vez mais vastas, e Ele me convida a encarnar este *Ágape* em todas as dimensões do meu ser, das mais carnais e infantis às mais espirituais e sutis.

O amor é um, não há amor ruim, há apenas amores parciais ou distantes do Ser/amor/*Ágape* ou etapas e estações mais ou menos próximas a ele.

Nós estamos ao mesmo tempo no exílio e chegamos ao porto, experimentamos simultaneamente o amor como falta e carência e como plenitude transbordante.

O mestre interior desperta em nós a lembrança e o sabor da Fonte, ele fala à nossa sede. Existe em nós o desejo insaciável pelo *Ágape*, ele nos altera para melhor saciar nossa sede[1].

À medida que subimos a escada das diferentes qualidades de ser, de consciência e de amor, aproximamo-nos da presença do *Ágape*, que não cessa de descer e apoiar nossa busca, qualquer que seja o nível de ser, de consciência e de amor onde estejamos. O *Ágape* está sempre presente em todo lugar, Ele nos mantém no aberto.

O importante é não pararmos em um degrau particular da escada; não nos fecharmos em um estado de ser, de consciência e de amor em particular. Não parar de crescer e ficar maior, de abrir o cálice ou o espaço da nossa tenda ao Ain Sof, o amor infinito que faz "girar a Terra, o coração humano e as outras estrelas".

Essa escada é também uma espiral composta por todas as cores do arco-íris.

A luz é una, ela está presente em todas as cores do arco-íris. Da mesma maneira, poderíamos dizer que o amor é um. Ele está presente em todas as formas e nuanças do amor que nós conhecemos. Desde o mais possessivo ao mais desinteressado, ele é ao mesmo tempo fonte e sede. "Uma fonte que tem sede de ser bebida", dizia Santo Agostinho.

Da mesma maneira, o mestre é um, ele é nosso ego mais obtuso ou mais inconsciente.

E nosso Self mais vasto e mais desperto.

O Self está presente em nosso ego assim como o galo está presente no ovo, é ele que quebra nossas cascas. Ele nos faz respirar além dos nossos hábitos e dos nossos limites.

---

1. Jogo de palavras em francês intraduzível para o português: "Il est en nous le désir insatiable de l'Agapè, il nous altère pour mieux nous désaltérer". "*Désaltérer*" em francês quer dizer "saciar a sede" [N.T.].

Escada I

10	agapè		amor gratuito, incondicional	o Ser – Amor
9	charis		amor gratidão, celebração	
8	eunoia		amor devoção, compaixão	amor desinteressado
7	harmonia		amor harmonia, bondade	
6	storgè		amor ternura	
5	philia	xenikè hetairikè erotikè physikè	amizade, troca amizade, hospitalidade amizade erótica amor parental	amor interessado
4	eros		amor erótico	
3	mania pathè		amor paixão	sedução
2	pothos		amor necessidade	amor possessivo posse
1	porneia		amor apetite	amor cativo objetivação redução

3
Consciência como mestre interior

Quem é meu mestre?
Quem é meu Deus? É a mesma questão.
Será a minha vontade de poder?
Minha capacidade de saber?
Minha paciência?
Minha capacidade de doar, minha liberdade, minha alegria?
Meu mestre não seria meu nível de realidade, meu estado de consciência?
Minha consciência, qual consciência?

A escada da consciência

Evolução dos níveis de consciência e representação de Deus

Consciência apofática	YHWH	O aberto
Consciência cosmo-teantrópica	Eyeh Asher eyeh, Eu sou quem sou.	Ó tu, que está além de tudo, mais eu do que eu mesmo; totalmente outro do que eu.
Consciência transpessoal	Eu sou o Self. Eu sou a verdade, a vida.	O Ser que está em tudo e em todos.
Consciência autônoma	Eu sou "eu". Eu sou livre.	Deus fonte da minha liberdade.

Consciência social	Eu sou como todo mundo (normose). Eu sou livre.	Deus da catequese, Deus cultural.
Consciência familiar	Eu sou o filho de, a filha de...	Deus da minha família, da minha tribo, da minha pátria.
Consciência sexuada	Eu sou o meu sexo masculino, feminino.	Deus erotizado, meu bem-amado.
Consciência anal	Eu sou o meu corpo.	Deus da magia, o Todo-poderoso.
Consciência oral	Eu sou a minha fome, a minha sede.	Deus "boa mãe", mãe terra.
Consciência matricial	Eu sou o corpo da minha mãe. O Indiferenciado.	Deus matricial.

10	Meu mestre é o Incognoscível, o Incriado, o que está além do ser. "Ele tem todos os nomes e nenhum nome pode nomeá-lo."
9	Meu mestre é o próprio Ser, que é "Aquele que É e faz ser e existir tudo o que existe".
8	Meu mestre é o Self, a Verdade, a Vida, o amor em mim, o espírito universal que ilumina todo ser.
7	Meu mestre é meu espírito de autonomia, o que me torna livre para com a minha família e meu ambiente.
6	Meu mestre é o tempo, o espaço aos quais eu pertenço, a sociedade, a civilização que orientam e dirigem meu inconsciente.
5	Meu mestre é o ancestral, o espírito da minha tribo, da minha família, é a minha consciência de classe, meu pertencimento a um clã, é a nobreza ou a miséria que me obrigam.
4	Meu mestre é o Bem-amado, o objeto do meu amor que me ensina a amar todas as coisas como Ele as ama. "Quando vou ao jardim, o jasmim é Ele."
3	Meu mestre é uma grande emoção, uma força poderosa em mim, um mago ou um mágico que controla a natureza.
2	Meu mestre é o que me alimenta, cuida de mim, "a boa mãe", "o bom pai", o bom Deus.
1	Meu mestre é a grande matriz, um campo unificado de consciência da qual sou apenas onda ou partícula segundo as circunstâncias.

Novamente, no lugar de uma escada, deveríamos desenhar uma espiral de todas as cores e lembrar que a luz é uma, o mestre é um, quaisquer que sejam as formas visíveis ou invisíveis que ele possa tomar.

"Um único é mestre" e é o Ser que está além de tudo, que se manifesta em tudo.

E assim como não é a luz que nos falta, mas os olhos para vê-la, não é o mestre que nos falta, ele está em tudo e em todo lugar. É o discípulo que está faltando, para escutá-lo, vê-lo e agir em sua presença, pela sua presença. Não é o amor que nos falta, é um coração que o acolha e lhe ofereça seus braços para que ele possa encarnar-se e amar por meio deles.

O importante talvez não seja o mestre, mas o discípulo. Sem discípulo, o mestre não pode se manifestar.

Assim como Deus não pode existir sem o homem que fala dele e o encarna, o homem não pode existir sem Deus, a existência que o faz existir, a consciência que o torna consciente e o amor que o torna capaz de amar.

A relação mestre/discípulo é uma maneira dentre outras de tornar vivas e presentes a relação do homem com Deus, a relação do tempo com o eterno, do finito com o infinito, do visível com o invisível.

4
O mestre interior como presença arquetípica

Para os terapeutas de Alexandria, as personagens bíblicas não são apenas seres do passado, mas mestres para os dias de hoje, presenças sempre atuais que podem nos inspirar e nos guiar ao longo do caminho. Cada ser ou mestre histórico é a encarnação ou manifestação de um arquétipo preciso, ou seja, um modelo particular de consciência e de presença do Ser único. Assim, podemos nos dirigir a cada uma das grandes imagens estruturantes como se nos dirigíssemos ao nosso próprio mestre interior.

Adão, Noé, Abraão, Moisés, Davi, Jesus, o Paráclito não são apenas modelos de plenitude e de santidade a serem imitados exteriormente. Eles são princípios vivos, cuja imagem e energia estão em obra em cada um de nós.

Trata-se de conhecer e despertar o Adão, o Abraão, o Jesus... do nosso ser. Quando todos os arquétipos estiverem despertos e ativos em nós, nos tornaremos, então, esse "novo homem" ou esse "homem realizado" do qual nos falam as Escrituras.

Um processo terapêutico jamais é linear. A progressão hierárquica pela qual nós apresentamos cada um desses arquétipos não é necessariamente o modo pelo qual o Ser se manifestará ou despertará em nós. Podemos ser visitados primeiro pela base ou pelo ápice do nosso ser... O importante é a fecundidade da imagem pela qual o Ser penetra em nós.

Alguns entrarão facilmente em ressonância com tal ou tal arquétipo, com outros mais dificilmente.

O essencial é não negligenciar, nem desprezar, nenhum desses arquétipos. Eles representam os diferentes níveis de Ser nos quais o homem vive e cresce. Cada um é necessário para o pleno desabrochar da presença infinita em nosso espaço-tempo finito e limitado.

A doença ou o desequilíbrio do homem – neste contexto – vem do esquecimento ou da negligência de um ou outro destes planos de consciência.

As diferentes personagens bíblicas tornam-se aqui partes desconhecidas ou não reconhecidas de nós mesmos.

A história santa pode ser lida desta maneira no livro do nosso inconsciente.

O Adão do ser

Adão, literalmente, em hebraico, quer dizer o Argiloso, o Terroso.

Levar em consideração "o Adão do nosso ser" é respeitar nossa dimensão terrosa, terrestre: "Tudo que é composto será um dia decomposto". Assim acontece com tudo que é material, mas essa não é uma razão para desprezar o corpo e a matéria. Estamos aqui em presença de um pressuposto antropológico que, no judeu-cristianismo, tem uma grande importância.

Adão é criado por Deus. "Ele viu que isso era belo." Essa dimensão terrosa, material, é o fruto de um propósito benévolo. Ela é chamada a tornar-se "o Templo do Espírito", o próprio lugar da encarnação.

Portanto, não deveria haver, neste contexto, nenhum dualismo entre a dimensão material e a dimensão espiritual do ser humano... Levar em consideração "o Adão do seu ser" é cuidar dele, não para idolatrá-lo, mas para dar-lhe o que for necessário para a sua subsistência e seu florescimento:

primeiro a alimentação, em seguida uma terra para trabalhar como se fosse um jardim (talvez a diferença que exista entre o Adão primordial e o Adão decaído é que um pratica jardinagem e o outro trabalha com o suor da sua fronte). De fato, podemos trabalhar, cultivar a terra como se praticássemos jardinagem, ou seja, com prazer e liberdade, ou trabalhá-la resmungando, ou seja, com dor e alienação. Os dois Adão estão em nós, são duas atitudes diante da condição humana que podem fazer desta terra um verdadeiro jardim (paraíso = *paradés* = jardim) ou um campo de batalha cultivado com dor.

Se "o Adão do nosso ser" precisa de alimento, de uma certa ação e de um certo trabalho, ele tem também necessidade de contemplar os elementos (de nomear as coisas e os animais, na linguagem bíblica). Ele é igualmente habitado pelo desejo de "uma contraparte semelhante a ele", pois "não é bom que o homem seja sozinho".

Por quê? Porque o homem, crendo-se autossuficiente, seria "como Deus". "Ele arriscaria se tomar por Deus", nos dizem os antigos. Assim, o espinho na carne de Adão, essa falta essencial na qual seu desejo pelo outro está inscrito, é desejado por Deus, para evitar a autoidolatria e lembrá-lo da humildade, do seu húmus; ou seja, do caráter terroso do seu ser.

Entrar em ressonância com o arquétipo adâmico do nosso ser é aceitar-se nos limites da nossa condição espaço-temporal e das suas necessidades vitais. Ao entrarmos em ressonância com o arquétipo adâmico, podemos evitar a megalomania daquele que poderia se tomar por um espírito desencarnado "puro como um anjo, orgulhoso como um demônio".

Reconhecer "o Adão do seu ser" também é reconhecê-lo e respeitá-lo no outro, ou seja, aceitar que ele não é o ideal, mas um ser de carne e sangue, com sua grandeza e seus limites.

Reconhecer e respeitar o Adão no outro é passar da idade do ideal à idade da misericórdia; dito de outra maneira: passar da adolescência à idade adulta.

O Adão do outro também tem suas necessidades, suas imagens, seu desejo pelo nosso desejo... O desconhecimento desta dimensão nos separa das nossas raízes e da realidade do outro, apesar do mental poder guardar reflexões generosas sobre ele.

Lembremo-nos da advertência na Primeira Epístola de São João: "Quem, pois, tiver bens do mundo, e, vendo o seu irmão necessitado, lhe cerrar as suas entranhas, como estará nele o amor de Deus?" (1Jo 3,17). Despertar o *adamah* do seu ser e todas suas riquezas, riquezas frágeis e por vezes derrisórias, é também permanecer sensível ao *adamah* do outro em suas riquezas e pobrezas e prover, quando possível, suas necessidades.

No Livro do Gênesis também está escrito que "Deus insuflou seu Sopro nas narinas do terroso".

Cuidar do "Adão do seu ser" não é apenas estar atento ao nosso pó, aos átomos que nos compõem, mas também ao Sopro que os habita e lhes dá forma... Argila, lembrar-se do oleiro, lembrar que somos criados em relação contínua com a Fonte.

A tradição hesicasta também interessa-se particularmente por esta dimensão do Sopro quando propõe a invocação do nome divino no ritmo da respiração... Não apenas isso pode ter efeitos tranquilizadores de um ponto de vista psicossomático, mas pode ainda nos introduzir ao mistério da presença no qual Adão recebe "a vida, o movimento do ser".

O Noé do ser

O Livro do Gênesis nos fala de Noé nesses termos:
> Noé era um homem justo, íntegro dentre seus contemporâneos e ele caminhava com Deus (Gn 6,9).

É ele que – no momento do dilúvio – foi escolhido para construir a arca; e quando as águas secaram, ele foi a testemunha desta primeira aliança: "A arca que une o céu e a terra..."

Como os antigos interiorizavam essa personagem provavelmente histórica e também provavelmente mítica? Para eles, Noé é, antes de tudo, "o vencedor do dilúvio", mas no deserto onde reinam a secura e a sede, de qual dilúvio podemos estar falando? Do dilúvio das paixões, das emoções que submergem o homem e fazem com que ele perca o chão! Todos nós conhecemos momentos onde a cólera e a tristeza podem nos submergir. Uma emoção forte demais transborda em nós por todos os lados. Se quisermos, então, estar "a salvo das águas", é preciso construir uma arca.

A arca simboliza aqui a atitude justa que deve nos ajudar, não para suprimir o dilúvio, mas para atravessá-lo... e pode acontecer da vitória começar pela aceitação do perigo, pela dificuldade em integrar em nós as paixões contrárias.

O texto indica com precisão: "De tudo aquilo que vivemos, de tudo aquilo que é carne, tu farás entrar na arca dois de cada espécie" – os animais puros e os animais impuros...

Os antigos fazem o seguinte comentário: é preciso fazer entrar na arca da consciência os animais de dois em dois, ou seja, cada emoção e o seu contrário. De fato, se quisermos chegar à *apathéia* (a equanimidade, a restauração da nossa verdadeira natureza), é justo mantermos unidos os opostos e os contrários.

O exemplo dado é o de uma atrelagem que, no nível concreto, pode nos parecer muito discrepante, mas, no nível simbólico, é plena de sentido: o do touro fogoso e da vaca que rumina.

O que existe de fogoso, de impetuoso, deve ser equilibrado por aquilo que há de tranquilo e de "ruminante" em nós. Mesmo aquilo que consideramos como virtudes: se elas não estiverem equilibradas pelo seu contrário, elas podem tornar-se vícios, por exemplo: doçura demais pode tornar-se moleza, fraqueza ou covardia.

Portanto, não separar a doçura e a força, o rigor e a ternura, a lucidez e o perdão etc., mas tampouco o puro e o impuro. Aceitar e não reprimir as dimensões tenebrosas do nosso ser, iluminá-las através das dimensões luminosas: há aqui uma sabedoria que pode conduzir à experiência da aliança, essa "visão do arco-íris que une o céu e a terra" e que faz entrar "todas as cores" em sua arca de luz.

O trabalho de integração é o que nos permitirá escapar do dilúvio e dos "infernos da paixão".

Entrar em ressonância com "o Noé do nosso ser" é descobrir esse trabalho de integração trabalhando em nossa consciência. É também reconhecê-lo no outro e não nos inquietarmos demais se nossos respectivos "zoológicos" ou "galinheiros" entrarem em conflito. Por vezes, é difícil fazer avestruzes e rãs conviverem... Algumas vezes podemos cair na armadilha por meio das emoções do outro, ele pode nos levar ao dilúvio que lhe é próprio e vice-versa.

O despertar do "Noé do ser" é, no coração dos turbilhões afetivos que nos submergem, descobrir a presença de um princípio de integração, a possibilidade de colocar em ordem nossa desordem emotiva, fazer entrar as pulsões contrárias na arca da medida e descobrir em nós mesmos a "coincidência dos contrários", o signo da aliança, a experiência vivida da união do céu e da terra, do humano e do divino ou ainda do criado e do incriado, do eterno e do tempo... mas sem pensar tão alto, apenas saber que, "enquanto durar a terra, semearás e colherás, frio e calor, verão e inverno, dia e noite não cessarão" (Gn 8,22).

O Abraão do ser

Deixa teu país, tua família e a casa do teu pai pelo país que eu te indicarei! (Gn 12,1).

Quando Abraão ouve a voz, ele parte e não olha para trás... Abraão é realmente "o pai dos fiéis", o arquétipo deste modo de ser e de consciência particular que chamamos de fé. Talvez não exista nada mais grave do que perder "o Abraão do seu ser", ou seja, perder a fé. A palavra "fé" deve ser tomada aqui em um sentido quase visceral. Trata-se da fé sentida nas entranhas, a confiança na vida, a certeza de que existe em nós algo maior do que nós, mais inteligente do que nós, mais amoroso do que nós.

A fé é a adesão à nossa inteligência, a esta energia que é "mais nós do que nós mesmos e completamente outra do que nós mesmos" nas situações por vezes absurdas ou desesperadoras, é a certeza de que "tudo concorre ao bem daqueles que amam Deus!" Um deprimido, nos diz Lowen, é "alguém que perdeu seu corpo e a sua fé". Em nossa linguagem, diríamos que ele perdeu contato com as dimensões adâmicas e abraâmicas do seu ser.

Trata-se de fazer com que ele encontre o sentido justo do seu corpo, seu enraizamento na matéria, sua ressonância com Adão. Trata-se também de fazê-lo reencontrar esse mínimo de fé e confiança na vida sem as quais não podemos viver.

Entrar em ressonância com Abraão é descobrir igualmente os efeitos terapêuticos e iniciáticos de um certo abandono ou entrega que Graf Dürckheim chama de "a aceitação do inaceitável".

O que é pedido a Abraão é de fato inaceitável, a prova da fé por excelência; como mostrará Kierkegaard: o sacrifício do seu próprio filho, seu filho único.

Qualquer que seja nossa condição, nós todos conhecemos, ao longo da nossa existência, esses momentos onde a vida nos arranca aquilo de que mais gostamos, seja a saúde, bens materiais, seres que nos são caros ou nossa própria vida. Nessas situações inaceitáveis, ser capaz de dizer "Sim", de ser não dois com os grandes inevitáveis (sofrimento, solidão, absurdo, morte), é despertar "o Abraão do nosso ser": não desesperar e saber que do próprio fundo da nossa dor "Deus proverá!"

"O Abraão do ser" é frequentemente esquecido ou recusado por muitos dos nossos contemporâneos. O Adão pode estar em boa saúde física, o Noé em boa saúde emocional, mas se faltar o Abraão, há situações onde eles não serão suficientes para enfrentar a provação da existência.

Reencontrar sua fé, sua confiança na vida e, em seguida, sua fé e sua confiança no Ser que é e informa todas as manifestações da sua vida, é a própria condição para se aventurar além do conhecido, em direção a este desconhecido onde "corre o leite e o mel" – "a terra prometida" –, consciência que aceitou e atravessou, na fé, a provação dos inevitáveis e que conquistou a serenidade contagiante e fecunda daquele que foi "pai de uma multidão".

De fato, "encontra (pela fé) a paz interior!, dizia São Serafim de Sarov, e uma multidão será salva (curada) ao teu lado".

O Moisés do ser

O nome de Moisés significa "salvo das águas" e sabemos como sua mãe lhe construiu uma arca:

> Não podendo, porém, mais escondê-lo, tomou uma arca de juncos e a revestiu com barro e betume; e, pondo nela o menino, a pôs nos juncos à margem do rio (Ex 2,3).

Foi ali que ele foi recolhido e em seguida criado pela filha do faraó. Mais tarde, são as grandes águas da cólera que quase o submergiram e o empurraram ao crime (cf. Ex 2,12).

Foi, no entanto, a este "criminoso" que Deus revelou seu nome na chama de um "arbusto que queimava, mas não se consumia" (Ex 3,2).

Foi ele o escolhido para libertar os hebreus da opressão egípcia e foi ele quem transmitiu a seu povo a Lei, a Torá, da qual devemos realizar os mínimos preceitos se quisermos agradar ao nosso Criador e conhecer dias felizes.

O personagem de Moisés será, portanto, considerado como o arquétipo da libertação pela Lei, pois, como dizem os Pais do Deserto, como tornar-se livre das paixões e dos instintos destrutivos sem se submeter primeiro à disciplina da Lei?

Como sair da escravidão do Egito sem praticar os ensinamentos transmitidos por Moisés? O ensinamento do Decálogo aparece, de fato, em seu aspecto negativo de proibições como uma prescrição médica: "Não roubar", "não mentir", "não matar", não, não etc.

No sentido ético, é a mesma coisa que proibir alguém que sofre de doença hepática de abusar deste ou daquele alimento no sentido físico.

Para salvaguardar e manter a beleza e a saúde da nossa natureza "à imagem e semelhança de Deus", convém tentar não cometer este ou aquele ato que desfigure a verdade, a honestidade, a fidelidade etc., tudo aquilo que constitui, para o pensamento hebraico, a verdadeira identidade do homem. Na psicanálise, conhecemos igualmente a importância do papel da lei que impõe uma forma e um limite ao desejo. Circunscrever o desejo, ou dar-lhe um limite, uma referência ou portal a não ser transposto, limita da mesma forma a angústia e a ansiedade, pois "desejo ilimitado = angústia ilimitada"!

Entrar em ressonância com "o Moisés do seu ser" é apelar a esta instância legislativa, geralmente atributo do pai, para que uma certa ordem, uma certa orientação, sejam dadas aos movimentos variados do desejo...

27

O que é uma educação bem-sucedida, senão ter aprendido a realizar seus mais profundos desejos, mas jamais às custas do outro?

O arquétipo de Moisés nos revela igualmente que este "obscuro objeto do desejo" não é apenas tal ou tal forma na qual o Ser pode nos aparecer como sendo amoroso, mas é o próprio Ser, o Eu Sou, que falou com Moisés no coração da sarça ardente. Podemos falar dos efeitos terapêuticos da lei na medida onde esta elabora ou reestabelece em nós o princípio da realidade (e a realidade, como nos ensinaram, é o outro). Para Moisés, esse outro não é apenas meu próximo, ele é também o todo outro, a presença inalcançável, sempre inacessível, cuja proximidade e sinais, no entanto, eu não posso negar enquanto ela me conduzir através do meu deserto.

Por outro lado, esquecemos com demasiada frequência – quando queremos ver em Moisés o arquétipo do legislador – que os preceitos negativos são introduzidos e explicitados pelo preceito positivo: "Tu amarás!"

A Lei é uma Lei do amor. Nós somos convidados a realizá-la para reencontrarmos nossa capacidade de amar: "Tu amarás o Senhor, teu Deus, de todo teu coração, de toda tua alma, de todas as tuas forças. Tu amarás teu próximo como a ti mesmo". Amar seu Criador e, consequentemente, amar todas as suas criaturas, é realizar toda justiça e reencontrar a saúde e a vida do coração.

O Davi do ser

O Rei Davi, como todos os personagens bíblicos, possui muita complexidade: o rei pastor e o rei guerreiro, terno e violento ao mesmo tempo. O arquétipo que reside no inconsciente dos nossos contemporâneos parece algumas vezes simplificá-lo em demasia. Ele é lembrado sobretudo como a criança que derrotou Golias o Filisteu (cf. 1Sm 17,48-51), o tocador de cítara (cf. 1Sm 16,23) e o compositor dos salmos, o amante de Betsabeia, filha de Eliam e mulher de Urias o Hitita, que o mandou para ser morto no *front* de Tebes (cf. 2Sm 11,3.14s.), mas ele é também amigo de Jônatas, o pai de Absalão e de Salomão e sobretudo "o ungido do Senhor", o rei messias...

Os antigos terapeutas serão, antes de tudo, sensíveis a Davi "o cantor", aquele que expressa nos Salmos a variedade inumerável dos sentimentos que habitam o coração humano: o amor, o ódio, o louvor, o desespero, o chamado à vingança e o chamado ao perdão. Nada falta: do mais mortal ao mais poético...

Se a doença é algo ruim de dizer[2], encontrar o Davi do seu ser significa encontrar o canto e as palavras para expressar aquilo que temos dificuldade em dar voz; sejam essas palavras as mais violentas e duras ou as mais doces e ternas.

Os antigos terapeutas também reconhecerão que Davi e Golias estão em guerra em todo ser. Golias simboliza essa ameaça surda, "angustiada" que espreita nas profundezas do inconsciente. Isso pode ser o remorso ou o rancor, as ondas silenciosas vindas do nada que estragam a menor das nossas ações, o medo irracional que nos prega no lugar e nos paralisa...

Davi vai simbolizar – neste combate com a sombra – a inocência, a pureza indestrutível do pastor do Ser. Sua arma é a funda e uma pedra branca colhida às margens do rio. Ele visa a cabeça de Golias.

---

2. Jogo de palavras intraduzível para o português: "Si la maladie est un 'mal-à--dire', retrouver le David de son être c'est retrouver le chant et les mots pour le dire, les plus violents et les plus doux". As palavras *maladie* (doença) e *mal--à-dire* (algo que é ruim de dizer, um mal em dizer) têm quase o mesmo som; ou seja, a doença é algo que temos dificuldade de expressar, e o arquétipo de Davi nos ajudaria a encontrar as palavras e o canto para exprimir aquilo que não conseguimos dar voz [N.T.].

Os antigos dirão que esta pedra é o nome de Deus, o nome do Real absoluto que deve ser introduzido na fronte dos nossos pensamentos. A presença contida neste nome nos conduzirá ao Real e nos libertará do domínio de realidades relativas como medo, ansiedade, ódio ou remorso.

É também desta maneira que os hesicastas interpretarão o salmo "quebrar a cabeça das crianças da Babilônia contra o rochedo": quebrar na própria raiz os pensamentos (*logismoi*) negativos e destrutivos contra o nome de Jesus.

Quando descobrimos um medo, uma angústia em nós, se observarmos bem, em sua raiz há um pensamento, uma memória que se projeta sobre o pensamento.

É este pensamento que precisamos visar! Conhecemos, em todas as tradições, este emprego da invocação ou da repetição de mantras para expulsar os pensamentos ruins e apaziguar o mental.

Entrar em ressonância com "o Davi do seu ser" é reencontrar sua capacidade de expressão, mas também o poder do som, do canto, e da invocação do nome para apaziguar e vencer "a sombra gigante" que, em certos momentos, nos oprime.

Uma outra dimensão arquetípica de Davi que pode nos ser familiar, é a do "pecador perdoado". Davi, de fato, pode ser considerado culpado por muitos pontos de vista. Embora ele tenha um número razoável de concubinas, ele é tomado de desejo por Betsabeia, estupra-a e manda matar seu marido.

Adultério, estupro, crime, mas sobretudo abuso de poder, mal uso da sua posição como rei-messias de Israel: o Profeta Natã lhe proporá, então, uma parábola:
> Havia dois homens na mesma cidade, um rico e o outro pobre. O rico tinha grandes e pequenos animais em grande abundância. O pobre não tinha nada além de uma ovelha, uma pequenina que ele comprara. Ele a alimentava e ela crescia com ele e com seus filhos, comendo do seu pão,

bebendo do seu copo, dormindo sobre seu seio: era como se fosse sua filha. Um hóspede apresentou-se na casa do homem rico, que não pegou nenhum dos seus animais para servir o viajante que chegara em sua casa. Ele roubou a ovelha do homem pobre e a preparou para seu visitante. Davi entrou em grande cólera contra esse homem, diz o texto, e ele diz a Natã: "Tão verdade quanto YAHVÉ é vivo, o homem que fez isso merece a morte! Ele reembolsará a ovelha ao quádruplo por ter cometido essa ação e não ter tido piedade". Natã diz então a Davi: "Esse homem, és tu!" [...] Davi tomou consciência então do seu ato: "Eu pequei contra YHWH!" Natã diz a Davi: "Por seu lado, YHWH perdoa tua falta, tu não morrerás. Mas, como tu ofendeste Aquele que É, neste caso, a criança que nascerá de ti, morrerá" (2Sm 12,1-7.13.14).

Esse texto mostra a tomada de consciência de Davi: matar o marido de Betsabeia não é apenas criminoso aos olhos dos homens, mas também é ofensivo a YHWH. A destruição de toda realidade relativa diz respeito à parte da realidade absoluta que está contida nela. No entanto, se ele deve pagar as consequências dos seus atos (é a lei da causa e do efeito, o karma sobre o qual falam os orientais), graças ao seu arrependimento, ele não morrerá: YHWH perdoa.

Perceberemos que Davi, neste ato de lucidez, não se fecha no remorso ou na culpa. Ele se arrepende, ou seja, ele se coloca no eixo do divino e da sua natureza verdadeira, pois o pecado (*hamartia*: literalmente, visar ao largo do objetivo), é perder-se, afastar-se do bom uso dos poderes e da liberdade que nos foram dadas.

Essa tomada de consciência é percebida em um contexto onde o Absoluto é considerado como pessoal: arrepender-se também será, portanto, reconciliar-se com Deus.

Paul Ricoeur, em *Finitude et Culpabilité* (*Finitude e culpa*) nos lembra que um dos dramas do homem contemporâneo é o de estar fechado no ciclo do remorso e da culpa, pois ele não reconhece nenhum juiz maior do que ele próprio.

Entrar em ressonância com "o Davi do seu ser" é reconhecer-se na lucidez pungente do seu "assassinato" ou dos seus desencaminhamentos, afastamentos ou más orientações, sejam elas qual forem, e fazer a experiência de que "se nosso coração nos condena, Deus é maior do que o nosso coração" (1Jo 3,20).

O Jesus do ser

Pode parecer redutor falar de Jesus como de um arquétipo, mas da mesma maneira como falamos menos de Abraão, de Moisés e de Davi como figuras históricas bíblicas do que como imagens atuantes e estruturantes em nós ou como *pattern of behaviour*[3] que informa nosso inconsciente, falaremos mais da nossa imagem inconsciente de Jesus do que do Jesus histórico propriamente dito. A este respeito, a imagem ou o arquétipo que os antigos carregavam em si parece muito diferente das imagens dos nossos contemporâneos. Para eles, Jesus é, acima de tudo, o Logos, o Verbo encarnado, a Verdade, a Vida.

Entrar em ressonância com "o Jesus do nosso ser", é permanecer na luz, no vivente que anima toda vida, na inteligência "por quem tudo existe e sem a qual nada existe". É também despertar ao nível do puro Eu Sou, sem atributos, sem qualificações.

"Antes de Abraão ser, Eu Sou", dizia Jesus.

Ele poderia ter dito igualmente: antes de Davi, antes de Moisés, antes de Noé, antes de Adão, Eu Sou. E, na experiência arquetípica que nos é proposta, isso quer dizer: antes e além da minha existência terrestre (Adão), antes e além das minhas experiências emotivas ou afetivas (Noé), antes e além

---

3. Padrão de comportamento. Em inglês no texto original [N.T.].

da minha fé e da minha entrega (Abraão), antes e além da prescrição e do esclarecimento do meu desejo (Moisés), antes e além do meu poder e do meu pecado (Davi) = Eu Sou!

Esse Eu Sou não é apenas anterior no tempo. Ele se mantém na Fonte de todas as manifestações. Experimentar sua presença nos liberta de todas as falsas identificações. Eu não sou apenas isso ou aquilo, essa ou aquela função, este ou aquele personagem; antes e além de todas as minhas máscaras, há o meu verdadeiro semblante. Um puro Eu Sou à imagem e semelhança de Deus e os outros arquétipos nos colocam a caminho rumo a este puro Eu sou.

É nesse sentido que podemos dizer que Jesus "recapitulava" todos os sábios e profetas que vieram antes dele.

Ele não veio para abolir, mas para cumprir! E a tradição antiga falará a seu respeito como do novo Adão (cf. São Paulo) ou do novo Moisés.

Seria interessante recensear todos os Eu Sou (*Ego Eimi*) do Quarto Evangelho. São João cristaliza em torno deste Eu Sou todos os símbolos e os nomes do Cristo.

De fato, Ele É: a porta, o caminho, a verdade, a vida, o pão vivo, o pastor, o cordeiro etc.

Para muitos, Ele É ainda o amor, a misericórdia de Deus pelos homens, "o sol que faz brilhar sua luz sobre os maus e os bons".

Entrar em ressonância com "o Jesus do nosso ser" é entrar em fraternidade com este sol. É nos reconhecer em nossa filiação divina, descobrir que não somos apenas os filhos dos nossos pais, da sociedade e do cosmos, condicionados pelos nossos genes, pela história da nossa civilização, pelo clima dos nossos países, mas que somos também filhos de Deus; há em nós o incondicionado, um infinito de pura liberdade.

Despertar para este nível do ser é despertar para sua liberdade essencial, despertar para esta dimensão da vida eterna, pois – como nos diz Jesus – aquele que crê em mim (ou seja, aquele que adere ao Logos, ao princípio que informa seu Ser) não verá jamais a morte.

A espiritualidade cristã desenvolveu muito este sentido do Cristo ou Mestre interior, não para se fechar em uma contemplação voltada para o seu umbigo, mas para tornar-se capaz de reconhecer também esse mesmo Cristo, essa mesma presença essencial em todos os homens, pois – nos diz ainda Jesus no evangelho: "Tudo que fizeres ao menor dentre os meus, é a mim (Eu Sou) que o fazeis".

Os efeitos terapêuticos desta atitude cristo-centrada foram frequentemente descritos por diversos mestres espirituais; a ela atribui-se a capacidade de libertar o ego das suas fantasias e introduzir o homem a uma consciência mais elevada e mais vasta: "Ali onde eu sou, eu também quero que vocês sejam, que vocês estejam!"

Quando essa consciência está desperta, podemos dizer, sem mentir, junto com São Paulo: "Não sou apenas eu quem vivo, é o Cristo que vive em mim".

Belo exemplo de ressonância arquetípica realizada!

O Paráclito do ser

Os seis arquétipos aos quais fomos introduzidos encontram-se na história e manifestam-se através das características mais ou menos precisas de um personagem histórico, o Paráclito – o Espírito Santo prometido por Jesus –, que permanece sem figura.

Ele é o dinamismo em ação em cada um dos arquétipos. Ele é aquele que os atualiza e os torna vivos. Jesus anunciava: "Ele vos lembrará tudo que eu vos disse".

Poderíamos acrescentar que Ele não lembra apenas o que o Cristo disse, mas também o que Davi, Moisés e Abraão disseram.

O Paráclito pode ser considerado o arquétipo do "consolador"; *con-solans*, Ele está com aquele que está sozinho e o coloca em relação e em ressonância com este ou aquele arquétipo, que dará sentido e vigor àquilo que ele está vivendo. É desta maneira que alguns, na hora de uma inevitável renúncia, poderão sentir-se ajudados por Abraão: alguns, no momento de uma doença grave, poderão ter a impressão de que a vitalidade de Adão está voltando às suas veias; na hora das calúnias e das condenações, alguns – como Estêvão – poderão se sentir habitados pela misericórdia e o perdão do Cristo (cf. At 7,55-60).

Desta maneira, podemos dizer que o Paráclito, apesar de não possuir um semblante particular, dá vida e torna vivos todos os semblantes arquetípicos que nos habitam. É Ele quem os desperta para a nossa cura ou nossa salvação. Daí a importância, para aquele que avança em um caminho espiritual, de invocar incessantemente o Espírito Santo. É Ele que nos torna sãos e santos à imagem do arquétipo, do sujeito que nos informa.

Vimos que os santos mencionados nem sempre eram "santinhos", mas seres vivos, seres autênticos, qualquer que tenha sido o despertar de seus diversos campos de consciência.

O Espírito, através das nossas ressonâncias arquetípicas, não tem outro objetivo a não ser fazer de nós "grandes viventes" e na maior parte dos casos "grandes oradores" e "grandes amantes" a exemplo de Adão, Noé, Moisés, Abraão, Davi e Jesus.

Essa leitura interiorizada da Bíblia, familiar aos Padres da Igreja e aos antigos terapeutas, não tira nada do caráter histórico e mítico do texto. Mas ela lembra que a Bíblia é também "esse imenso reservatório de imagens de onde se alimenta ainda hoje o inconsciente humano"[4].

Evidentemente, esses arquétipos não agirão segundo a mesma estrutura e com o mesmo vigor em uma civilização

---

4. Cf. DURANT, G. *L'Imagination symbolique*. Paris: PUF, 1968. • DURANT, G. *Les Structures anthropologiques de l'imaginaire*. Paris: PUF, 1960.

estrangeira ao judeu-cristianismo. Poderíamos, no entanto, perceber que os sete arquétipos que abordamos nos introduzem a sete planos de consciência ou a sete níveis de ser cuja descrição encontramos em diversas tradições, apesar de serem utilizados outros termos e outras imagens. Aparece assim uma visão multidimensional do homem, animado em cada uma dessas dimensões por um arquétipo diferente, que não é próprio de uma tradição em particular.

A saúde e a santidade do homem universal deveriam, então, ser buscadas na justa interconexão dos diferentes arquétipos: desenvolver o "Jesus do seu ser" e não esquecer o Adão ou ainda interessar-se por Abraão e deixar Davi cantar...

O terapeuta deve interessar-se por todas as dimensões do ser humano: carnal, física, psíquica, espiritual e identificar o lugar do seu sofrimento ou carência. Ele próprio deve estar em ressonância com seus próprios arquétipos para operar no mesmo nível da pessoa que se confia a ele.

Pode parecer paradoxal dizer que é preciso cuidar não apenas do corpo (Adão), da emotividade (Noé), da regulação do desejo (Moisés), do dizer o que vai mal (Davi) do outro, mas também do seu Jesus ou seu Paráclito.

No entanto, isso significa reconhecer que o ser humano ainda não é ele mesmo em sua plenitude (seu pleroma) enquanto não tiver despertado ao *status* ontológico (eu sou) e espiritual (pneumático) do seu ser.

Não devemos ter dúvidas de que está aí o belo pressuposto antropológico dos antigos terapeutas, uma hermenêutica não redutora do ser humano e das imagens que o habitam.

Sem sincretismo, será que poderíamos colocar em ressonância esses grandes arquétipos bíblicos e alguns elementos das antropologias orientais e hebraicas, como o sistema dos chacras ou a árvore das sefirot que evocam de maneira simbólica aquilo que constitui o ser humano e determina suas personalidades?

Nosso mestre interior é a consciência que anima um ou mais centros do ser humano? Quais?

É isso que devemos observar, e reparar se isso determina nossa maneira de ser e viver pessoalmente e em sociedade.

O mestre interior como presença arquetípica

Valores ou qualidades que determinam diferentes maneiras de ser humano

Antropologia do yoga

Antropologia hebraica

Arquétipos bíblicos

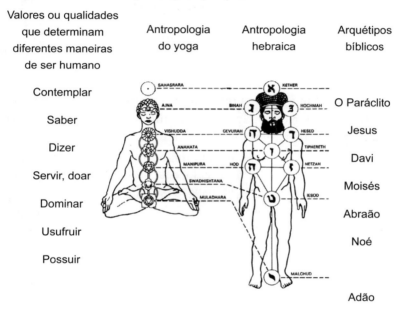

Contemplar

Saber

Dizer

Servir, doar

Dominar

Usufruir

Possuir

O Paráclito

Jesus

Davi

Moisés

Abraão

Noé

Adão

5
O mestre interior e os tetramorfos

Victor Hugo tem magníficos pressentimentos sobre o que é o mestre interior; imagem do ser infinito que, por meio do seu impulso, nos compele a algo maior:

Existe no homem um outro que o homem, e esse outro está situado nas profundezas, sob, além, mais elevado, mais baixo, alhures...
O infinito ultrapassa a inteligência terrestre que é, no entanto, forçada a aceitá-lo, ao menos como fato e realidade – Por quê?
Porque ela o sente, esse sentimento está em todas as coisas, a grande luz, ele revela o justo e ele revela o belo.
Fazer seu dever é aceitar o infinito.
A presença do infinito sobre o homem faz brotar do homem o grandioso.
O raciocínio segue o sentimento e o infinito que o sentimento proclamou, o raciocínio o demonstra; o raciocínio prova o infinito como a inundação prova os recifes, quebrando-se neles e invadindo-os.
A razão vem àqueles que, sem imaginar como o infinito pode ser, não saberiam admitir que o infinito não seja.
Isto é, em medida humana, o que chamamos de compreensão. [...]

Quando ela considera o céu, a filosofia ergue a cabeça; em seguida inclina-se e tudo é dito, o infinito é. Sendo, ele reina.

Não acreditar é deixar de pensar. [...]
Com a condição de ser ajudado pela intuição, a inteligência chega a essa surpreendente vitória: compreender o incompreensível.

É uma vitória surpreendente aceitar que não compreendemos e desejar infinitamente aquilo que nunca poderemos entender.

O mestre interior coloca ordem e abertura em nossos desejos, ele é a síntese que frequentemente evocamos entre o crer e o pensar, síntese da imaginação e da sensação, do sentimento e da razão. Paradoxalmente, a abertura ao infinito é o repouso e o silêncio de todas essas funções.

É quando nossos sentidos sentem a impalpabilidade do ar e do espaço que eles se acalmam.

É quando nossa razão se depara com a inacessibilidade do sentido e com a imobilidade da luz que ela compreende.

É quando o desejo desperta à paciência incondicional que ele começa a amar.

É quando a intuição imagina o infinito do ser e do não ser que ela se ilumina.

O mestre interior é a integração de todas nossas funções, juntas, abertas ao infinito.

É o Self ou a *imago Dei*.

Em uma outra linguagem, diríamos que é o Filho, o Logos voltado para o *Theós*, o Pai no Sopro, o espírito/*Pneuma*.

É a relação íntima, que habita o centro de cada um, com a Fonte do ser, da consciência, do amor e da liberdade.

O MESTRE INTERIOR E OS TETRAMORFOS

HÉ ה ' YOD

פמו איו AïN SOF

VAV ו ה HÉ

Deste nome inefável e impronunciável poderíamos extrair uma ontologia.

Uma ontologia na primeira pessoa ou em um Eu soberano.

Essa ontologia que reconhece o mestre interior como puro Eu Sou (pura presença, pura consciência, puro amor, pura graça, liberdade) pode estar na origem de um tetrálogo ou de uma ética onde ele expressa sua voz e sua via.

De fato, a voz do mestre interior, quaisquer que sejam as circunstâncias, é sempre um convite a nos tornarmos mais vivos, mais conscientes, mais amorosos, mais livres. Este mais está aberto ao infinito, não há nada mais a dizer além do *fiat lux* que está na origem de toda criação: Seja! Não apenas consciente ou vivo ou amoroso ou livre, mas seja inteiro, seja inteiramente o que tu és, em todas as faculdades, todas as funções possíveis.

Estar em paz, *shalom*, é estar inteiro. Enquanto não estivermos inteiros, enquanto uma das nossas funções estiver ausente, ou não respondermos ao chamado, não poderemos estar realmente em paz; talvez seja a felicidade, mas ainda não é a beatitude.

O mestre interior será representado na tradição cristã pelo cordeiro no centro do tetramorfo, a força invencível e vulnerável do humilde amor onde, dentro da mandorla, o Cristo é retratado no centro dos quatro viventes.

Para o cristão, o Mestre interior é Cristo, "o arquétipo da síntese", aquele que dirá de si mesmo que é o Caminho, a Verdade, a Vida e que Ele faz apenas um com a Fonte de toda vida, de toda consciência, de todo amor, de toda liberdade, que ele chama de seu Pai e nosso Pai – "Pai nosso".

O Mestre interior é também o Reino de Deus em cada um de nós, o reino do espírito que une em cada ser humano o Filho e o Pai, e que transfigura as sensações, os pensamentos, as palavras e os atos em amor e em luz.

No mundo contemporâneo, Jung se tornará o eco de todos esses tetramorfos ao reconhecer no Self a integração das quatro funções.

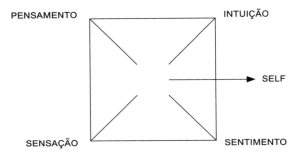

A doença ou o desequilíbrio do ser humano é a consequência de um esquecimento, de uma recusa ou de uma repressão inconsciente de uma das suas funções. A saúde é a harmonia entre o coração e a razão, a intuição e a sensação. O mestre interior é o mestre da orquestra que vela sobre esta harmonia.

Sua batuta não é uma varinha mágica, ele preocupa-se com a coesão e a coerência. A beleza é o esplendor e a recompensa deste lento trabalho de síntese e de integração. "Nada misturar, nada separar." A ordem do coração e a ordem da razão, a ordem dos sentidos e a ordem da intuição, cada uma é diferente, cada uma deve ser cumprida segundo sua ordem, mas nenhuma está separada, nunca uma sem a outra. O mestre é a quintessência dos quatro (do quaterno) ou ele não é.

O olhar do tetramorfo

Nossa vida vale pelo olhar sob o qual nos colocamos. Em uma tribo antiga, diziam que todas as crianças eram belas porque elas não tinham outros espelhos senão os olhos da sua mãe. Nem sempre esse é o caso e por vezes é o olhar de um juiz, de um estuprador, de um indiferente que nos persegue e nos reduz à estreiteza do seu ponto de vista.

Qual é o olhar do nosso mestre interior?

Lembro-me deste olhar único e quaterno que colocou-se sobre mim quando visitei o Museu Nacional das Artes da África e da Oceania, na exposição "Arte e medicina na Etiópia".

Trata-se de um destes rolos considerados mágicos, cobertos por grandes olhos abertos que nos olham fixamente. Às vezes eles têm o tamanho do corpo doente que expõe-se a esses olhares para ser curado.

É desta maneira que as tradições espirituais nos ensinam a colocar sobre nossas doenças não apenas o olhar do médico, mas também o olhar do anjo.

O anjo, como o médico, não é alguém sem poder e seu olhar não é sem efeito.

Nosso olhar sobre nós mesmos e sobre nosso ambiente também não é desprovido de poder e de efeito. Todo ponto de vista é eficaz e engendra uma ação.

Nossa vida vale pelo olhar sob o qual nos colocamos; no olhar de um juiz, de um amigo ou de um inimigo nós não temos o mesmo semblante. Da mesma maneira, a natureza, sob o olhar do erudito, do industrial, do padre ou do apaixonado, não é a mesma natureza; objeto de consumo ou objeto de devoção, a "natureza da natureza" depende do foco ou da visão daqueles que a exploram, cuidam dela ou a sacralizam.

O olhar múltiplo ou plural da ecosofia pode curar ou ao menos amenizar os desastres que se mostram à sua visão?

Nós vivemos sobre a mesma terra, sob o mesmo céu, mas vivemos sob olhares diferentes e cada um desses olhares, desses pontos de vista, constitui mundos e consciências que por vezes se afrontam.

Mudar de mundo é mudar de olhar.

Para encontrar o mundo do outro é preciso entrar em seu olhar ou compartilhar o olhar que nos é próprio.

Podemos distinguir quatro grandes tipos de olhares ou de visões do mundo.

1
Um olhar físico sensorial, observador, científico que, quando há consenso quanto aos modos de percepção, pode chegar àquilo que chamamos de mundo objetivo. O mestre é o erudito, o cientista, é a ele que nos referimos para falar de verdade e de realidade.

2
Um olhar reflexivo, analítico, que interroga e analisa os dados recebidos pelos diferentes modos de percepção sensoriais ou técnicos. Esse olhar pode chegar àquilo que chamamos de mundo racional, onde o filósofo encontra seu lugar ao lado do cientista. O mestre é, então, o filósofo.

O mundo percebido, analisado, racionalizado e objetivado é considerado, por um certo consenso contemporâneo, como o único mundo real.

No entanto, existem outros olhares e apreensões do mundo que não podemos esquecer ou negligenciar.

3
Um olhar afetivo ou inter-relacional, onde o mundo não aparece apenas como objeto, mas como presença: presença viva com a qual podemos estabelecer uma relação afetiva, fraterna e amigável.

Esse será o olhar de Francisco, de Rumi e dos santos de todas as grandes tradições espirituais da humanidade.

A terra, o universo não se dão apenas a conhecer pelo olhar dos sentidos e pelo olhar da razão, mas também pelo olhar do coração, e é o coração quem descobrirá a harmonia, o sentido e a beleza. O olhar da filocalia que agradece e celebra o Real sob todas as formas não destrói o olhar da ciência e da filosofia, ele os realiza. O mestre é o homem de Deus, a santidade encarnada.

4

Há ainda um outro olhar, silencioso, contemplativo, o olhar da intuição, que pressente a unidade de uma consciência que se manifesta na diversidade dos mundos percebidos, analisados, objetivados, celebrados: a própria consciência que torna todos os nossos olhares capazes de visão. O campo de luz sempre invisível que faz apenas um com tudo que é visto e que torna possíveis todos os nossos pontos de vista (objetivo e subjetivo), ou seja, todas as nossas criações, imaginações, concepções, representações do mundo. O mestre é o sábio.

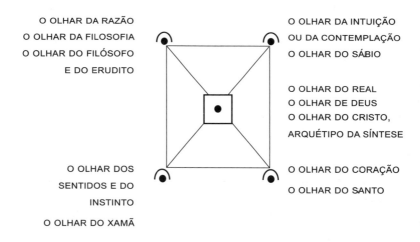

A esses quatro olhos, esses quatro olhares, seria preciso acrescentar um quinto, que seria o olhar da síntese, aquele que integra os quatro grandes olhares que evocamos. Poderíamos também chamar de olhar do Real, pois é o Real que conhece a si mesmo, por meio desses diferentes modos de percepção, de reflexão, de afeto e de intuição. O mestre é o "arquétipo e a síntese", é o Self, o Cristo interior.

Quatro visões do mundo

Esses quatro olhares colocados sobre o mundo vão levar a quatro formas de ecologia, quatro maneiras de administrar e de cuidar do nosso ambiente considerado como nossa casa ou como nosso corpo aumentado. Sabemos que a etimologia *oiko*, de ecologia, remete a "casa", à nossa maneira de habitar a Terra.

A síntese dessas quatro formas de ecologia é chamada de "ecopoética", o que pressupõe uma aliança possível da ciência, da filosofia, da contemplação e do amor na abordagem do mundo que nos cerca, que nós contemos e que nos contém; uma aliança entre os quatro mestres evocados (o xamã, o erudito, o santo, o sábio).

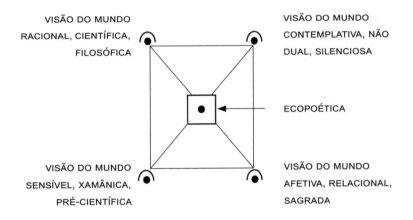

Quatro tipos de mestres

A educação terá tendência a privilegiar uma função ao invés de uma outra, e isso conduzirá a um certo modelo de ser humano.

Se privilegiarmos a razão – "penso, logo eu sou" –, o homem e o mestre ideal serão o erudito, o cientista, ou o filósofo rigoroso que só quer conhecer o mundo nos limites e nas representações da razão (Descartes, Kant).

Se privilegiarmos o modo de conhecimento sensível, sensorial, instintivo, o homem e o mestre ideal serão o mago ou o xamã que nos ajuda a decifrar o movimento dos musgos, das estrelas e dos rebanhos.

Se privilegiarmos o modo de conhecimento afetivo, o do coração, o homem ou o mestre ideal será o santo que nos ensina a amar tudo que vive e respira como ama a si mesmo.

Se privilegiarmos o modo de conhecimento intuitivo que discerne o um no múltiplo, o infinito no finito, que pousa sobre todas as coisas o olhar da luz, o homem ou o mestre ideal será o sábio.

O mestre interior, ao invés de ser o eco de um desses mestres perfeitos ou sonhados, poderia ser a síntese de todos eles; síntese do xamã e do herói, do erudito e do filósofo, do santo e do sábio.

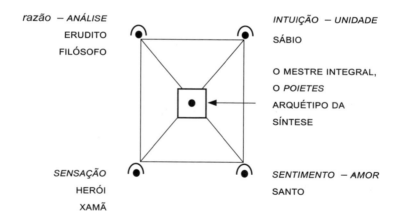

Mas da mesma maneira que temos uma função dominante, nós privilegiamos a imagem do mestre interior ou sua projeção no exterior de acordo com nosso ideal de ser humano realizado e constituído.

Podemos ser mais sensíveis a uma voz (a uma via) que nos é própria e que nos convém, sem nos opormos às outras vozes (vias).

Descobrir o mestre uno, único, que nos fala e nos faz ver o mundo por meio de um olhar múltiplo.

Quatro formas de meditação

Se o nosso mestre interior é também nosso mestre da meditação, ele poderá nos ajudar a uma prática onde se tratará novamente de integrar as diferentes formas de meditação.

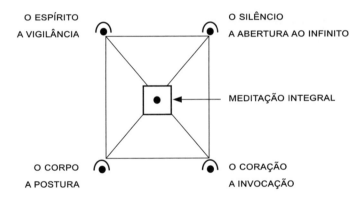

Cada método de meditação tem sua própria coerência, sua função particular. Ele tem igualmente a sua história, constituída pela linhagem daqueles que a transmitem.

O importante é praticar inteiramente e não esquecer que o objetivo desta prática é o de nos ligar à fonte da nossa saúde (nosso *ki*, como a chamam os japoneses), da nossa lucidez (nossa consciência), da nossa dignidade (liberdade), da nossa felicidade (nossa capacidade de amar).

Ao seguir este caminho, tive a oportunidade de encontrar mestres ou seres considerados como tais, diversas testemunhas conhecidas e desconhecidas do Real soberano cuja manifestação somos nós; seus semblantes e seus ensinamentos esclarecem e iluminam, ainda hoje em dia, minhas práticas e meu caminho. Dentre eles, eu guardo particularmente os nomes de Karlfried Graf Dürckheim, Jean Klein, Jiddu Krishnamurti e do Padre Serafim. Cada um deles me inspirou este sentar, este fundamento, aberto às quatro dimensões que podemos integrar ao grande exercício da presença real reconhecida e vivida no quotidiano:

1) O sentar, o fundamento, a postura na vida e no corpo que nós somos (o porte, o hara, a coluna vertebral, a presença e o tônus, o sopro...);

2) O sentar, o fundamento na consciência que nós somos (a atenção, a vigilância);

3) O sentar, o fundamento no espaço onde estamos (a escuta, a abertura, a disponibilidade, o que é);

4) O sentar, o fundamento no coração que nós somos (a benevolência, a compaixão).

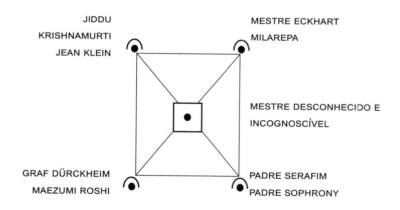

Graças sejam dadas ao mestre desconhecido e incognoscível que permaneceu recolhido, por trás de seus belos rostos e dos seus ensinamentos, sem nunca deixar de nos inspirar e de estar presente no coração das relações que permanecem incomparáveis.

Parte II

Cartas a um jovem poeta como um convite para ouvir o mestre interior

Ao reler a obra *Cartas a um jovem poeta*[5] de Rilke, fiquei surpreso ao reconhecer nos ensinamentos dessas cartas um eco saboroso do mestre interior.

Um convite radical para escutar no silêncio e na solidão, com a exigência da verdade e da liberdade que daí decorrem, mas também com beleza e bondade.

Escutar para dar nascimento não apenas a uma obra literária que poderíamos qualificar de poética, mas à obra de toda uma vida que se torna criadora (*poïétique*) a partir do momento em que ali introduzimos um acréscimo de consciência e amor. Cada um de nós é um poema a ser escrito ou decifrado, e mais ainda, a ser celebrado.

O que é um poema senão uma vida transfigurada, divinizada pelo espírito, pelo anjo ou pelo *noùs poiétikos*[6] que nos é dado como mestre interior?

Rilke, como muitos outros, sem dúvida, emprestou-lhe sua voz, uma voz única, tão singular, tão universal que fala a todos.

Esse texto não será nem a explicação nem o comentário feito por Rilke, mas eco e ressonância àquilo que ele dá a ouvir, àquilo que chamamos de nosso mestre interior ou nossa consciência criadora.

As *Cartas a um jovem poeta* foram escritas entre 1903 e 1908. Rainer Maria Rilke, desde o seu encontro com Lou Andreas-Salomé em 1897 em Munique, segue sua vida errante. Austríaco nascido em Praga em 1875, poeta da língua alemã, ele viverá quase sempre fora da Alemanha.

---

5. RILKE, R.M. *Cartas a um jovem poeta*. Rio de Janeiro: Globo, 2011.

6. Há três tipos de consciência: 1) consciência passiva ou ordinária: *noùs pathétikos* (νοῦς παθετικος); 2) consciência neutra, indiferente ou vazia: *noùs apathès* (νοῦς απαθες); 3) consciência criadora: *intellectus* ou *imaginatio, agens, noùs poïétikos* (νοῦς πόιητικος).

A leitura de *Mir zur Feier* (1899) faz com que um jovem de 20 anos, Franz Xaver Kappus, aluno da escola militar de Sankt-Pölten, encaminhe-lhe seus primeiros ensaios poéticos. Rilke envia-lhe uma longa resposta e uma correspondência entre os dois tem início. Três anos após a morte de Rilke, Kappus publica, em 1929, as dez *Cartas a um jovem poeta*.

Quando o jovem lhe pede uma opinião sobre seus poemas, Rilke imediatamente o convida a escutar seu mestre interior. É no interior de si mesmo que ele deve buscar respostas às suas questões e um julgamento justo sobre seus atos e sua obra:

> O senhor está olhando para fora, e é justamente o que menos deveria fazer neste momento. Ninguém o pode aconselhar ou ajudar – ninguém. Não há senão um caminho. Procure entrar em si mesmo. Investigue o motivo que o manda escrever, examine se estende suas raízes pelos recantos mais profundos de sua alma.

Rilke é categórico, há apenas um único caminho: "Procure entrar em si mesmo", antes de querer escrever, agir, amar e voltar-se para o exterior.

Trata-se de nos interrogarmos sobre a fonte de onde nascem nossos pensamentos, nossas palavras, nossos escritos e nossos atos. De onde vem o impulso da seiva que irriga nossas raízes, nossos desejos ou nossas intenções? Ele vem dos "recantos mais profundos da nossa alma"?

Para Rilke, o mestre parece estar escondido no fundo sem fundo do coração, e se ele não estiver ali, o que poderia nos impulsionar a viver, a escrever, a amar? Sua presença ou sua ausência não são uma veleidade, um chamado mais ou menos intenso à inspiração, mas uma questão de vida ou morte:

> Confesse a si mesmo: Morreria, se lhe fosse vedado escrever? Isto, acima de tudo, pergunte a si mesmo na hora mais silenciosa de sua noite: "Sou mesmo impelido a escrever?" Escave dentro de si uma res-

posta profunda. Se for afirmativa, se puder contestar àquela pergunta severa por um forte e simples "sou", então construa a sua vida de acordo com essa necessidade. Sua vida, até em sua hora mais indiferente e anódina, deverá tornar-se o sinal e o testemunho de tal pressão.

Escrever ou não escrever, viver ou não viver, ser ou não ser, amar ou não amar, todos são confrontados, mais dia, menos dia, com estas questões.

O que em nós pode dizer "tu deves" ou melhor "eu devo escrever", viver, ser e amar, fazer isso ou aquilo, encontrar este ou aquele?

Quem está aqui cuja presença obriga?

É "na hora mais silenciosa da nossa noite", não na claridade dos nossos raciocínios ou da nossa educação (seja ela científica ou religiosa): é neste "obscuro e luminoso silêncio" que vêm o impulso e "um forte e simples: eu devo". Isso poderia ser também "eu posso", pois não há outro futuro além daquele que está em nosso poder; não pedimos a uma andorinha para que ela faça a primavera ou que voe ali onde voam as águias, pois não há outra necessidade a não ser ir ao âmago de si mesmo; mas trata-se de ir até lá, e este é o exercício da nossa mais elevada liberdade.

"Aproxime-se, então, da natureza", dirá Rilke.

É preciso aprender a viver como o pássaro canta, como a rosa floresce, com todo seu perfume, sem jamais deixar de lado seus espinhos. Nossa vida, nossa escritura, nossos atos devem expressar apenas nossa verdadeira natureza, que é um outro nome para falar sobre a eficácia humilde e espontânea de nosso mestre interior.

Se a própria experiência quotidiana lhe parecer pobre, não a acuse. Acuse a si mesmo, diga consigo que não é bastante poeta para extrair as suas riquezas. Para o Criador, com efeito, não há pobreza nem lugar mesquinho e indiferente.

Parafraseando Rilke, poderíamos dizer:
> Foge das grandes ações e vai para os atos simples que seu quotidiano lhe oferece, viva suas tristezas e seus desejos, os pensamentos que lhe vêm, viva tudo isso com sinceridade, tranquilidade e humildade.

Mas nunca perca sua fé na beleza, em uma beleza que atiça e ilumina seu desejo...

Se nossa própria experiência quotidiana nos parecer pobre, é porque nosso desejo é pobre, é a luz que falta aos nossos olhos e nos torna incapazes de ver a beleza. O mestre interior é como o *poiétes* (o Criador) da Bíblia; não importa o que Ele faça, Ele vê e Ele quer que isso seja belo (*Ki tov!* em hebraico).

Nada é pobre, nada é indiferente. É nosso olhar, nosso coração que são pobres e indiferentes se eles não forem mais vivificados pelo impulso criador, por essa infância eterna que se surpreende e maravilha, sem ingenuidade, por tudo aquilo que existe. A vida é um poema único que cada um deve escrever, uma obra de arte que lhe é própria.

> Uma obra de arte é boa quando nasceu por necessidade. Nesse caráter de origem está o seu critério – o único existente. Também, não lhe posso dar outro conselho fora este: entrar em si e examinar as profundidades de onde jorra a sua vida; na fonte desta é que encontrará a resposta à questão de saber se deve criar.

Novamente, Rilke convida a escutar o mestre que está "nas profundidades", aquele que nos descobre através das nossas obras. Se dermos nossa aquiescência a esta inspiração, ela pode tornar-se nosso destino, ou mais ainda, nossa providência, a graça prometida de uma leveza que não espera nenhuma recompensa vinda do exterior, pois através desta aquiescência à nossa verdadeira e insondável natureza tudo nos é dado.

Queria apenas sugerir-lhe que se deixasse chegar com discrição e gravidade ao termo de sua evolução. Nada a poderia perturbar mais do que olhar para fora e aguardar de fora respostas a perguntas que talvez somente seu sentimento mais íntimo possa responder na hora mais silenciosa.

Um tema que Rilke vai desenvolver com frequência é o da solidão necessária. Necessária sem dúvida para a escuta do silêncio e do mestre interior que fala e age a partir deste silêncio. O murmúrio das florestas se eleva no silêncio de sua seiva e raízes. Escutamos o barulho dos carvalhos que são abatidos, mas não escutamos o ruído da floresta que cresce; o mesmo acontece com todas as gestações, seja de uma árvore, de uma criança ou de uma obra de arte.

> Mesmo que se engane, o desenvolvimento natural de sua vida interior há de conduzi-lo devagar, e, com o tempo, à outra compreensão. Deixe a seus julgamentos sua própria e silenciosa evolução sem a perturbar; como qualquer progresso, ela deve vir do âmago do seu ser e não pode ser reprimida ou acelerada por coisa alguma. Tudo está em levar a termo e, depois, dar à luz. Deixar amadurecer inteiramente, no âmago de si, nas trevas do indizível e do inconsciente, do inacessível a seu próprio intelecto, cada impressão e cada germe de sentimento. [...] Ser artista não significa calcular e contar, mas sim amadurecer como a árvore que não apressa a sua seiva. [...] Aprendo-o diariamente, no meio de dores a que sou agradecido: a paciência é tudo.

Silêncio, solidão, paciência, "levar a termo, depois dar à luz, tudo está ali. O resto é distração, críticas externas que impedem de escutar o que lentamente amadurece em nós".

O tempo ao qual o mestre interior nos desperta não é contado através de meses ou anos, ele é o ritmo necessário a uma maturidade. A eternidade do amor que se dá está atrás, adiante, dentro; aprendemos isso graças à fidelidade que nem sempre vem sem sofrimento, que também pede para ser abençoada por uma infinita paciência.

O mestre interior jamais é uma força de inflação, de pretensão; ele nos dá o gosto pelo simples, o humilde, o húmus que é a própria substância do ser humano. Não é como dominador ou como todo-poderoso que vamos ganhar "a confiança daquele que é miserável", mas como servidores. "Vós me chamais Mestre e Senhor e tendes razão, eu sou; no entanto, estou no meio de vós como aquele que serve" (Jo 13,13s.). Se o único mestre é o amor que faz girar a Terra, o coração humano e as outras estrelas, ele só pode ser servo. Há mais alegria em dar do que em receber, em servir do que em ser servido (cf. At 20,35).

O mestre interior nem sempre dá respostas, ele nos ensina a amar nossas questões; talvez não apenas a resposta esteja oculta no coração das nossas questões, a resposta é "aquele" que coloca a questão, a consciência na origem e no final de todas as questões.

> Procura amar as próprias perguntas como quartos fechados ou livros escritos num idioma muito estrangeiro. Não busque por enquanto respostas que não lhe podem ser dadas, porque não as poderia viver. Pois trata-se precisamente de viver tudo.

Novamente, Rilke insiste que se trata de confiar, de confiar naquilo que vem. O mestre interior é "aquele que é, que era", mas também "aquele que vem"; ele é a promessa de um futuro não interminável, mas eterno, não temporal, e o caminho até ele nem sempre é fácil. "Não é o caminho que é difícil, o difícil é o caminho", dizia um outro poeta.

Tudo é grave, nada é pesado, ou talvez seja o contrário, tudo é pesado com o peso daquilo que deve germinar e crescer em si ou a partir de si. A bolota de carvalho é pesada devido ao carvalho que abrigará em sua sombra uma multidão de pássaros. Há mais para nos maravilharmos e surpreendermos do que a temermos sobre o que pode nascer de nós quando estivermos livres de todas as convenções, de todas as modas.

Aceite o que vier, com toda a confiança. Se vier só da sua vontade, de qualquer necessidade de seu ser íntimo, aceite-o e não o odeie. A carne é um peso difícil de se carregar. Mas é difícil o que nos incumbiram; quase tudo o que é grave é difícil.

O mestre interior não é um professor de moral nem um legislador, ele não nos diz o que é bom ou o que é ruim, ele nos convida a vivermos "a experiência sem limites de tudo aquilo que nos é dado".

A carne nos é dada, ela é o belo fruto que se oferece à nossa mais viva consciência; ela não é uma distração, um esquecimento do ser, uma fadiga da alma; ela nos convida a uma concentração mais elevada onde o Real pode se fazer voluptuoso e sólido.

> A volúpia carnal é uma experiência dos sentidos, análoga ao simples olhar ou à simples sensação com que um belo fruto enche a língua. É uma grande experiência sem fim que nos é dada; um conhecimento do mundo, a plenitude e o esplendor de todo o saber. O mal não é que nós a aceitemos; o mal consiste em quase todos abusarem dessa experiência, malbaratando-a, fazendo dela um mero estímulo para os momentos cansados de sua existência, uma simples distração, em vez de uma concentração interior para as alturas.

O mestre interior é essa consciência pura que vem se juntar às nossas necessidades mais vitais. Aquele que na solidão permanece à escuta, descobre a beleza de tudo aquilo que é. Ele contempla em todo ser "uma forma durável e nua do amor e do desejo". Ele aproxima-se de uma lei "além do prazer e do sofrimento" "deste mistério do qual a terra está cheia", desta fecundidade que faz de todo Criador um deus ou uma mulher, pois nada é mais sagrado, mais santo do que o ato de engendrar.

O mestre interior é a forma particular que a consciência criadora toma em cada um de nós. Ele é este mistério de fecundidade que está em ação desde o início do universo, ele nos faz aderir à grande lei de tudo aquilo que morre e se torna.

A consciência criadora é aquilo que dá ao nosso mestre interior sua forma feminina e maternal, pois se nascemos para nascer, para nascer novamente e das alturas para uma vida menos mortal, nós também nascemos para dar à luz, "pois criar com plenitude íntima é dar à luz e da sua mais íntima solidão, e isso passa através do encontro do homem e da mulher, através da carne que lhes foi dada com simples e paciente gravidade".

No próprio homem, parece-me, há maternidade carnal e espiritual; a sua criação também é uma maneira de dar à luz, pois criar com plenitude íntima é dar à luz. Talvez os sexos sejam mais aparentados do que se pensa e a grande renovação do mundo talvez resida nisto: o homem e a mulher, libertados de todos os sentimentos falsos, de todos os empecilhos, virão a procurar-se não mais como contrastes, mas sim como irmãos e vizinhos; eles unirão suas humanidades para carregarem juntos, com simples e paciente gravidade, a sexualidade difícil que lhes foi imposta.

O mestre interior não apenas nos conduz na solidão para verificar de onde nos vem nosso desejo e nossa inspiração; livres de todas as interferências mundanas que tentam nos dirigir, ele nos ensina a amar nossa solidão e a encontrar nossa relação justa, a justa distância para com aqueles que nos cercam e realizar com eles uma comunhão qualquer, "fiel e simples".

Trata-se de acreditar neste amor que habita nossa solidão, ele é nosso lar e nosso apoio, ele é a força e a bênção que nos acompanha.

Uma única coisa é necessária para estarmos vivos e sermos felizes: amar. O mestre interior é esse poder que nos torna capazes de amar e de sermos conscientes em todas as circunstâncias, de uma maneira não passiva (*patheticos*), mas criadora (*poïetikos*). Segundo Rilke, esse único necessário passa pela solidão, alguém que não é capaz de estar só não consegue amar. Ele projetará sobre o outro sua carência ou sua sede, ao invés de compartilhar sua plenitude e sua fonte. Uma única coisa é necessária: a solidão. A grande solidão interior. Entrar em si mesmo, não encontrar ninguém durante horas – eis o que se deve saber alcançar.

A solidão da criança é, no entanto, total dependência; em tudo ela depende daqueles que a cercam. Sua natureza, sua segurança lhe vêm do exterior e, no entanto, ela ama estar consigo mesma, não depender de si mesma ou de alguma coisa em si que é mais do que ela mesma e que é a sua inocência, "o sábio não compreender" que ainda não é "a douta ignorância" dos místicos que, além das "luzes" da razão, despertaram para este "obscuro e luminoso silêncio" da contemplação.

Essa inocência da criança, que é a do poeta e do mestre interior que os inspira, é a de um amor que ignora "a luta e o desprezo" assim como ele ignora a atração, a indiferença e a repulsa.

Não há tempo a perder em explicações onde buscamos justificar nossa relação ou nossa não relação com os outros. É preciso, antes de tudo, escutar nosso coração.

> Pense no mundo que leva em si e chame o seu pensamento como quiser: reminiscência da sua própria infância ou saudade do futuro – o que importa, apenas, é prestar atenção ao que nasce dentro de si e colocá-lo acima de tudo o que observar em redor. Os seus acontecimentos interiores merecem todo o seu amor; neles de certa maneira deve trabalhar e não perder demasiado tempo e coragem em esclarecer suas relações com os homens.

A presença do mestre interior nos indica se, através das nossas ações ou nossas funções, nos aproximamos ou afastamos do Ser, nossa verdadeira natureza.

Rilke nos lembra que uma situação não é pior do que uma outra se permanecermos centrados em nosso eixo, ou seja, em nossa solidão.

Liberdade é desposar as vicissitudes da nossa vida ou as leis inatas da nossa natureza.

Não tendo nenhuma comunhão com os homens, procure ficar perto das coisas, que não o abandonarão. Ainda há as noites e os ventos que passam pelas árvores e percorrem muitos países. No mundo das coisas e dos bichos tudo está ainda cheio de acontecimentos de que o senhor pode participar. As crianças são ainda como o senhor era quando criança, tão tristes e tão felizes.

O mestre interior talvez seja a criança em nós, cujo segredo está perdido caso ele tenha perdido o seu Deus "que se encontrava a cada passo".

Mas Deus não é um ter que podemos guardar ou perder. Ele não é um objeto, Ele tampouco é um pensamento que podemos negar ou esquecer, Ele não pertence ao passado.

Ele está sempre por nascer, como a vida, a consciência e o amor, que estão sempre em nós como um vir-a-ser.

Devemos incessantemente dar à luz a Deus, assim como Ele incessantemente nos dá à luz.

Se nascemos criaturas (*poïétes*), nossa mais elevada criação é a própria imagem que podemos ter da nossa origem. É considerar dar um rosto ao nosso mestre interior, ao princípio que incessantemente nos engendra.

> Por que não pensar que Deus é o vindouro, aquele que está por vir desde a eternidade, o futuro, o fruto final da árvore de que nós somos as folhas?

Rilke era o poeta preferido de Etty Hillesum[7], seu guia no coração das suas provações, a iluminação da sua fé. Para ela,

---

7. Esther (Etty) Hillesum (1914-1943) foi uma mulher judia cujos diários e cartas descrevem a vida em Amsterdã durante a ocupação alemã. A última entrada em seu diário, de que se há conhecimento, data de 13/10/1942. Em set./1943, Etty foi deportada para Auschwitz, vindo a falecer em novembro daquele ano [N.T.].

assim como para ele, Deus é aquilo que existe de mais precioso e mais frágil no ser humano, é uma criança que ainda não nasceu e de quem devemos cuidar ou um recém-nascido que devemos envolver com toda nossa atenção.

    Se Deus não está no mundo é porque nós ainda não o colocamos no mundo. E esta é a missão do ser humano: colocar Deus no mundo, colocar amor na carne viva e ferida do mundo. Começando pela sua própria carne. Ele é o raio de luz que poderia torná-la mais leve. Deus não existe, cabe a nós fazer com que Ele exista. O amor não existe, cabe a nós fazer com que ele nasça; seu nascimento, assim como nossa gravidez, pode por vezes ser doloroso. O que o impede de projetar o seu nascimento para os tempos posteriores e viver a sua vida como um dia belo e doloroso de uma grandiosa gravidez? Não vê como tudo o que acontece é sempre um começo? Não poderia ser, então, o começo dele, pois todo começo em si é tão belo?

    Toda agitação do mundo dá testemunho das dores do parto. Por vezes, o príncipe da paz demora a nascer porque nós demoramos a estabelecer essa paz em nós. Mas se permanecermos fiéis ao nosso desejo, se não desesperarmos... ele virá.

    Como as abelhas reúnem o mel, assim nós tiramos o que há de mais doce em tudo para o construirmos. Começamos pelo pormenor, pelo insignificante (posto que venha do amor), depois pelo trabalho e pelo repouso, por um silêncio ou por uma pequena alegria solitária.

    Começar a ser e a fazer existir Deus em nós.

    "Pouco me importa que Cristo tenha nascido há 2 mil anos se Ele não nascer em mim hoje", já dizia Angelus Silesius.

    O mestre interior só nos pede uma única coisa: fazer ser, fazer nascer Deus em nós e neste mundo, ou seja, fazer ser, fazer nascer a vida, a consciência e o amor em nós e neste mundo. Pois, segundo a Primeira Carta de João, "aquele que ama habita em Deus e Deus habita nele"; não resistir-lhe, não impedir que Ele viva entre nós. No coração do inverno, dizer "sim" à primavera que se aproxima.

O mestre interior não nos isenta da nossa solidão. Ele faz dela o cadinho do verdadeiro amor, ele não nos isenta do difícil, já que o difícil também é o caminho.

> Os homens, com o auxílio das convenções, resolveram tudo facilmente e pelo lado mais fácil da facilidade; mas é claro que nós devemos agarrar-nos ao difícil. Tudo o que é vivo se agarra a ele, tudo na natureza cresce e se defende segundo a sua maneira de ser; e faz-se coisa própria nascida de si mesma e procura sê-lo a qualquer preço e contra qualquer resistência. Sabemos pouca coisa, mas que temos de nos agarrar ao difícil é uma certeza que não nos abandonará. É bom estar só, porque a solidão é difícil. O fato de uma coisa ser difícil deve ser um motivo a mais para que seja feita.
> Amar também é bom: porque o amor é difícil. O amor de duas criaturas humanas talvez seja a tarefa mais difícil que nos foi imposta, a maior e última prova, a obra para a qual todas as outras são apenas uma preparação.

Toda a nossa solidão, todas as nossas dificuldades são uma preparação àquilo que, tanto para o mestre interior quanto para o poeta, são "a obra suprema": o amor. E este, assim como Deus, só pode vir ao mundo se tiver amadurecido longamente em nós. O amor humano é nossa primeira escola e é um paciente trabalho do coração que não sabe, que não consegue amar enquanto a graça deste amor não tiver sido depositada nele. Antes de ser esse "eleito que clama pelo amplo", tudo que podemos fazer é dia após dia preparar o terreno da sua encarnação.

O mestre interior, como o poeta, denuncia essa precipitação que nos faz perder o sentido do amplo, a justa distância que devemos guardar entre nós para que o enlace seja mais íntimo. Arriscamos, então, reduzir o amor a um prazer, a algo fácil como uma convenção ou um hábito.

> Inclinados a considerar a vida amorosa um prazer, os seres humanos tiveram de torná-la fácil e barata, sem perigos, e segura como os prazeres de um parque de diversões. Muitos jovens amam erradamente. A sua natureza lhes diz que as questões do amor não podem, menos ainda do que qualquer outra importante, ser resolvidas em comum, conforme um acordo qualquer; que são perguntas feitas diretamente de um ser humano para outro, que em cada caso exigem outra resposta, específica, estritamente pessoal.

Este é um aspecto interessante do mestre interior, ele não é um substituto para a personalidade de cada um, ele ajuda, pelo contrário, em sua formação; cada um é único, cada um é uma maneira única, insubstituível, de encarnar a consciência e o amor. Assim, o mestre interior poderia deixar aquele ou aquela em busca do amor, à noite, na indecisão, às vezes até mesmo na perturbação, para que ele encontre por si mesmo, ou no âmago de si mesmo, a relação justa.

> Como para a morte, que é difícil, também para o difícil amor não foi encontrada até hoje uma luz, uma solução, um aceno ou um caminho. Não se poderá encontrar, para ambas estas tarefas, que carregamos veladas em nós e transmitimos sem as esclarecer, nenhuma regra comum, baseada em qualquer acordo. À medida, porém, que começarmos a tentar, solitários, a vida, essas grandes coisas, o amor e a morte, se hão de aproximar da nossa solidão.

Rilke indica que a mulher, assim como o homem, deve encontrar sua própria maneira de amar, e isso não inclui abolir sua condição de ser sexuado. Pelo contrário, a mulher que se torna realmente mulher poderá encontrar o homem capaz de reconhecê-la e amá-la como ela é. O texto escrito em 1903 parece estranhamente atual.

> A moça e a mulher, em sua nova e peculiar evolução, apenas transitoriamente imitarão os hábitos

e os vícios masculinos, só transitoriamente repetirão as profissões masculinas. Depois de passada a incerteza dessa transição é que se poderá perceber que as mulheres não adotaram toda aquela multidão de disfarces (frequentemente ridículos) senão para limpar sua profunda essência das influências deformadoras do outro sexo. A mulher em quem a vida habita mais direta, fértil e cheia de confiança deve, na realidade, ter-se tornado mais amadurecida, mais humana do que os homens, criaturas leves a quem o peso de um fruto carnal não fez descer sob a superfície da vida e que, vaidosos e apressados, subestimam o que pensam amar. Essa humanidade da mulher, levada a termo entre dores e humilhações, há de vir à luz, uma vez despidas, nas transformações de sua situação exterior, as convenções de exclusiva feminilidade. Os homens, que não a sentem vir ainda, serão por ela surpreendidos e derrotados. Um dia, ali estará a moça, ali estará a mulher cujo nome não mais significará apenas uma oposição ao macho nem suscitará a ideia de complemento e de limite, mas sim a de vida, de existência. A mulher-ser-humano.

Rilke nos faz pensar no Apóstolo Paulo que nos lembra que no Cristo, o *Anthropos*, "o arquétipo da síntese", "não há mais nem macho nem fêmea", mas pessoas humanas em plenitude, livres, capazes de se inclinarem uma diante da outra e de celebrarem juntas o único e incomparável amor.

> Esse progresso há de transformar radicalmente a vida amorosa, hoje tão cheia de erros, numa relação de ser humano para ser humano, não de macho para fêmea. Esse amor mais humano se assemelhará àquele que nós preparamos lutando exaustivamente; um amor que consiste na mútua proteção, limitação e saudação de duas solidões que se protegem, completam-se, limitam-se e inclinam-se uma diante da outra.

Para o mestre interior, assim como para o poeta, mesmo nossas tristezas podem tornar-se caminhos. Talvez ainda melhor do que a alegria que nos exterioriza, a tristeza nos leva à nossa verdade, ou seja, ao nosso ser incerto.

Nossas tristezas são rachaduras ou fendas que sem dúvida ameaçam nossas imagens da perfeição, mas é graças a elas que, sem nos darmos conta, o anfitrião divino, o desconhecido, o Self que nós somos, pode unir-se a nós. Ruim é o que não foi vivido e nossas tristezas, se forem aceitas, colaboram com o nosso caminhar em direção a esta plenitude jamais satisfeita e, no entanto, saciada.

Perigosas e más são apenas as tristezas que levamos por entre os homens para abafar a sua voz. Como as doenças tratadas superficialmente e à toa, elas apenas se escondem e, depois de leve pausa, irrompem muito mais terríveis. Juntam-se no fundo da alma e formam uma vida não vivida, repudiada, perdida, de que se pode até morrer. Se nos fosse possível ver além dos limites de nosso saber e um pouco além da obra de preparação de nossos pressentimentos, talvez suportássemos nossas tristezas com maior confiança do que nossas alegrias. São, com efeito, esses os momentos em que algo de novo entra em nós, algo de ignoto; nossos sentimentos emudecem com embaraçosa timidez, tudo em nós recua, levanta-se um silêncio, e a novidade, que ninguém conhece, se ergue aí, calada, no meio. Se o nosso olhar conseguisse ver além dos limites do conhecimento e até mesmo mais longe do que o halo dos nossos pressentimentos, talvez recolhêssemos com renovada confiança nossas tristezas e nossas alegrias. São novos amanheceres onde o desconhecido nos visita. A alma, assustada e temerosa, cai em silêncio: tudo se afasta, uma grande calma se faz e o incognoscível ergue-se, silencioso.

O incognoscível, que no recôndito de uma angústia ergue-se como eixo silencioso, não seria nosso mestre interior que afasta de todos nós esses hábitos aos quais temos o hábito de nos confiar?

Aceitar o movimento ou o fluxo no qual ele nos carrega é aceitar a grande metamorfose, o "morra e se torne" pelo qual somos transformados "como se transforma a casa em que entra um hóspede"?

O desconhecido em nós precisa de toda a nossa atenção, do nosso recolhimento e da nossa solidão para realizar sua obra, essa *théosis* da qual nos falam os antigos, ou seja, a nossa divinização. Divinização que não é uma inflação nem um aumento, mas uma abertura "àquele que vem" e que areja nossa carne e nosso sangue e nos faz "respirar ao largo", ou seja, nos salva[8].

Quanto mais estivermos silenciosos, pacientes e entregues à nossa mágoa, tanto mais profunda e imperturbável entra a novidade em nós, tanto melhor a conquistamos, tanto mais ela se tornará nosso destino, e quando, num dia ulterior, vier a "acontecer" – isto é, quando sair de nós para se chegar a outros –, nós a sentiremos familiar e próxima. Deve ser assim. Ela é nosso bem. Ela se tornará a carne do nosso destino. Ela nos manterá estreitamente próxima a ela quando ela escapar de nós para realizar-se. É preciso – e a nossa evolução, aos poucos, há de processar-se nesse sentido – que nada de estranho nos possa advir, senão o que nos pertence desde há muito.

Nós não podemos nos tornar outra coisa fora aquilo que já somos, "eu" é um hóspede e "eu" é um outro, ele é aquele que dá hospitalidade e aquele que recebe a hospitalidade. O outro de mim não é um outro diferente de mim. O sangue que corre no sangue do filho não é um outro sangue, diferente do sangue do pai. Nós somos os hóspedes do mesmo sangue, da mesma vida, em corpos e rostos diferentes.

---

8. *Iescha* em hebraico – de onde vem o nome Yeshua, Salvador – significa "respirar ao largo" a salvação; a grande saúde é o "ar pleno"; o Salvador em nós é aquele que abre nossas portas e nossas janelas, nosso intelecto e nosso coração para ali espalhar o espírito e o horizonte do largo.

"Nosso destino não vem de fora de nós mesmos. Nada de estranho nos pode advir, senão o que nos pertence desde há muito." O que buscamos ou o que encontramos, sem tê--lo buscado, nós o somos. É o nosso Self que Rilke chama de nossa solidão que se cumpre e desvenda ao longo do caminho. Se buscarmos demais a nós mesmos, nos perderemos de nós mesmos, jamais estarem em outro lugar além dali onde estamos. Nossos pensamentos e nossos sonhos nos enganam, mas nunca conseguirão enganar o nosso espírito, se ele for realmente este Sopro do nosso sopro que está sempre presente.

> E se voltarmos para a solidão, ficará cada vez mais claro que ela não é uma coisa que possamos pegar ou deixar. Nós somos solidão. Nós podemos, é verdade, nos dar a mudança e fazer como se ela não tivesse acontecido. Mas é tudo. Como seria preferível que nós compreendêssemos que somos solidão; sim, e partir desta verdade!

Partir desta verdade é nunca partir, é apenas aumentar, desenvolver nossa solidão até que nosso eu sou seja o eu sou do universo.

Estar sozinho no Sozinho pelo qual tudo existe.

Ao invés de solidão, deveríamos portanto falar de unidade, de interdependência nas quais todas as coisas são e se movem.

O mestre interior, assim como o poeta, nos pede para "aceitarmos nossa existência tanto quanto possível", e todas as outras existências, em seguida, tudo... Nós somos isso.

A consciência que informa todas as coisas é uma e, se estivermos conscientes, nós somos essa consciência. Falta-nos apenas a sensibilidade que nos torna aptos a experimentá-la. Essa abertura que nos torna familiares "ao estranho, ao maravilhoso, ao inexplicável".

Por que essa resistência, essas recusas que nos fecham e impedem a vida de ir ao âmago de si mesma?

"Estar pronto para tudo, nada excluir, nem sequer o enigma" (e o mal e o amor permanecerão para nós enigmas). Não é isso que nos permite nascer novamente a cada manhã, nos maravilharmos por sermos e fazermos desse assombro nossa estada? Temos que aceitar a nossa existência em toda a plenitude possível; tudo, inclusive o inaudito, deve ficar possível dentro dela. No fundo, só essa coragem nos é exigida: de sermos corajosos em face do estranho, do maravilhoso e do inexplicável que se nos pode defrontar. Por se terem os homens revelado covardes nesse sentido, foi a vida prejudicada imensamente. As experiências a que se dá o nome de "aparecimentos", todo o pretenso mundo "sobrenatural", a morte, todas essas coisas tão próximas de nós têm sido tão excluídas da vida por uma defensiva cotidiana, que os sentidos com os quais as poderíamos aferrar se atrofiaram. Nem falo em Deus. Mas a ânsia em face do inesclarecível não empobreceu apenas a existência do indivíduo, como também as relações de homem para homem, que, por assim dizer, foram retiradas do leito de um rio de possibilidades, infindas para ficarem num ermo lugar da praia, fora dos acontecimentos. Não é apenas a preguiça que faz as relações humanas se repetirem numa tão indizível monotonia em cada caso; é também o medo de algum acontecimento novo, incalculável, diante do qual não nos sentimos bastante fortes. Somente quem está preparado para tudo, quem não exclui nada, nem mesmo o mais enigmático, poderá viver sua relação com outrem como algo de vivo e ir até o fundo da sua própria existência.

O mestre interior nos lembra que "não temos nada a temer"; fazemos apenas um com a vida. "Graças a um feliz mimetismo, se permanecermos calados, quase não poderemos nos distinguir de tudo o que nos rodeia." Mais ainda do que um mimetismo que supõe a separação do reflexo e da sua coisa, se estivéssemos realmente calmos e em silêncio, em todos os nossos sentidos, nossos afetos e nossos pensamentos, descobriríamos que nunca estivemos separados, pois isso é impossível. Já dissemos: "tudo é interdependência e inter-relação", isso não é nem mística nem poesia, é ciência concreta, física pura. O que seria de nós sem a terra, sem o sol, sem a água e sem todos os seres cuja genealogia está inscrita em todas as nossas células? Por que temos medo do outro, do diferente? É um rosto que pertence a nós mesmos e que não é amado, é um dos nossos membros que tentamos arrancar. Não somos nada além do assassino de nós mesmos, da nossa própria vida que corre e respira tão bem no outro quanto no nosso próprio sangue, no nosso próprio sopro.

Rilke tem palavras admiráveis para expressar que apenas aquilo que não conseguimos amar pode nos fazer sentir ameaçados e agredidos. "Talvez todas as coisas assustadoras sejam apenas coisas indefesas que esperam ser resgatadas."

O coração amoroso, pedra preciosa e filosofal, não transforma apenas o chumbo em ouro, mas também os dragões em príncipes.

Não temos motivos de desconfiar de nosso mundo, pois ele não nos é hostil. Havendo nele espantos, são os nossos; abismos, eles nos pertencem; perigos, devemos procurar amá-los. Se conseguirmos organizar a nossa vida segundo o princípio que aconselha agarramo-nos sempre ao difícil, o que nos parece muito estranho agora há de tornar-se o nosso bem mais familiar, mais fiel. Como esquecer os mitos antigos que se encontram no começo de cada povo: os dos dragões que num momento supremo se transformam em princesas? Talvez todos os dragões de nossa vida sejam princesas que aguardam apenas o momento de nos ver um dia belos e corajosos. Talvez todo horror, em última análise, não passe de um desamparo que implora o nosso auxílio.

O mestre interior nos convida a encararmos nossos dragões, nossos fantasmas que frequentemente não passam de memórias dolorosas do nosso passado que voltam, todas essas vidas não vividas ou reprimidas, mas também os vírus, as doenças que nos ameaçam.

Ele nos pede para não acrescentarmos sofrimento ao sofrimento, inquietação àquilo que nos inquieta, de não perseguir-se a si mesmo com perguntas como "de onde pode vir tudo isso e para onde vai?", ou pior ainda, "quem é o culpado pelo meu infortúnio e por todos os infortúnios?", "por que tanta injustiça e violência?"

"Não nos preocuparmos com o amanhã" já é um preceito evangélico; não é imprudência ou irresponsabilidade, é utilizar todas as nossas forças vivas, intelectuais, sensíveis e afetivas para enfrentar a provação do momento presente.

Nós somos ao mesmo tempo a doença e o remédio, o doente e o médico – ser paciente, ser confiante. Sobre esse assunto, tanto o mestre interior como o poeta têm apenas bom-senso, o bom-senso da vida, "que escreve reto com linhas tortas"; os caminhos sinuosos da doença por vezes são caminhos rumo a uma saúde maior, o inferno é um acesso direto ao paraíso.

O poeta é particularmente atento às palavras "ali onde se introduz um vício (ou uma doença), não devemos nos apressar para chamá-lo de vício ou doença" e permanecermos prudentes. Por vezes saímos do médico com uma doença que não tínhamos ao entrar.

O médico realmente diagnosticou essa ou aquela doença, deu-lhe um nome, e esse nome é eficaz; é a informação que modifica aquele que a escuta.

> Tão frequentemente uma vida naufraga em nome de um vício e não na própria ação, pessoal e sem nome, que talvez tenha sido uma necessidade inelutável dessa vida e tenha sido acolhida facilmente por ela...

Pois viver é uma necessidade e essa vida é frequentemente despertada pela dor, o próprio medo nos mantém de pé no limiar do desconhecido. E o importante é estarmos ali, despertos, não termos necessidade nem de mentiras, nem de ilusões, nem de consolações, nada sequer desses remédios transitórios. Precisamos de verdades terríveis, a evidência da morte deveria manter nossos olhos abertos, e nessa abertura deveríamos acolher a luz de uma consciência que não rejeita essa morte, mas a contém.

Sabes muito bem que és evolução e que não desejas nada mais do que transformar-te.

Se o homem sabe que sua essência é o amor, ele só pode experimentar a si mesmo doando-se, ou seja, no dom. A dúvida é uma forma de contenção, esse "de que serve?" que entrava toda espontaneidade e generosidade.

O mestre interior pode reconhecer em cada um a dúvida como algo que lhe resiste, o que impede também toda transparência entre o interior e o exterior, entre o pensamento e as ações. Mesmo essa dúvida pode ser um instrumento de progresso e maturidade; se a suportarmos sem nela nos comprazermos, ela poderá nos conduzir a um estado de vigilância e aprofundamento, o que ela não consegue destruir é ainda mais fortalecido. É preciso encontrar a paciência necessária para suportá-la e deixar a vida acontecer, a vida que sempre tem razão.

Com relação à pureza dos nossos sentimentos, o poeta dá alguns conselhos que poderiam ser os conselhos do mestre interior.

"Puros são todos os sentimentos sobre os quais concentramos o ser e que nos elevam."

Não há bons ou maus sentimentos, há apenas falta de atenção àquilo que fazemos e vivenciamos. Pois se trata sempre de manter os olhos abertos e estar despertos, que eles estejam voltados tanto para o interior quanto para o exterior, senão o que pensamos, assim como o que fazemos, nos escapa e seu vínculo pode ficar perdido durante um longo tempo.

É preciso também cuidar de tudo aquilo que nos eleva e "faz nossos corações voar alto" e não é apenas para o seu bem-estar, mas para o bem-estar de todos, pois todos os homens que se elevam, elevam o mundo; o trabalho do mestre interior é o de nos elevar incessantemente, da mesma maneira como erguemos uma criança. É preciso acreditar que ele nunca nos deixará cair e, se cairmos, é para nos ensinar a quem devemos o fato de nos reerguermos, assim como a quem realmente devemos a nossa ascensão e nossa sempre renovada elevação.

Quando o mestre interior é um anjo, ele sempre faz mais do que apenas nos ajudar, ele está aqui para nos "dar asas"; e é verdade que, para sair de certas situações, nós não precisamos de ajuda, precisamos de asas.

A única coisa ruim é o que não fazemos inteiramente; quando não estamos em paz é porque não estamos inteiros (*shalom* em hebraico quer dizer a paz, essa palavra designa também um estado de inteireza, de integridade). Não estamos felizes porque não estamos "inteiramente aqui".

Por vezes, é a cabeça que está em outro lugar; outras vezes é o instinto ou o coração.

Todo nosso sangue deve participar do menor dos nossos atos.

Além disso, é preciso interrogar nossas dúvidas, transformá-las em questões; nesse momento elas participarão da nossa descoberta, da verdade mais do que da destruição da verdade. O príncipe deste mundo, com suas dúvidas e mentiras, poderia tornar-se o servo de um mundo mais elevado, onde nenhuma dúvida nem nenhuma mentira resistiriam à claridade e ao calor do Evidente. A sombra dá alívio a tudo que se ergue.

10 mil pôneis não fazem um cavalo, 10 mil dúvidas não fazem uma única questão, mas o espírito do questionador, o espírito que está em busca, sabe se servir do pônei quando não há outra montaria e das dúvidas quando não há perguntas. O essencial é avançar, construir; pouco importa o tipo de madeira, trata-se de alimentar o fogo.

Toda exaltação é boa se todo seu sangue dela participar, com a condição de que ela não seja apenas embriaguez ou perturbação, mas uma alegria clara, transparente ao olhar, até ao mais profundo! Compreende o que quero dizer?

O mestre interior, assim como o poeta, não tem outra função além de alimentar o fogo, atiçar as brasas que ameaçam incessantemente apagar-se em nós. Brasas da vida, da consciência e do amor que devemos incessantemente estimular, despertar, para que o Deus que habita em cada um brilhe com todos os seus fogos.

O poeta não é um ladrão de fagulhas, já que mais do que qualquer outro ele sabe que tudo lhe é dado. Ele semeia mais estrelas do que as que irá colher no mais profundo da sua noite; como o mestre interior, ele revela o dia que já raiou "sob tantas pálpebras".

PARTE III

Do mestre interior à presença do anjo

6
De Rilke à questão do mestre interior

Rilke, mais do que qualquer outro, foi sensível à presença do anjo. Essa presença o aterrorizava, pois ele pressentia sua exigência. Colocar-se à escuta ou frequentar a sua escola é algo que invoca uma profunda *metanoia*, uma transformação de todo ser; sem dúvida, ele tinha uma imagem mais temível do servo do que a do mestre "doce e humilde de coração"; no entanto, "justiça seja feita", após tantas hesitações, ele invocou os "pássaros da alma", pois é do seu toque que nascem toda poesia e a novidade do ser.

> Quem, se eu gritasse, ouvir-me-ia na hierarquia dos anjos? E mesmo que um deles me apertasse, de repente, ao seu coração, eu padeceria perante sua existência mais forte. Pois o Belo nada mais é do que o começo do terrível que ainda suportamos; e o admiramos porque, sereno, desdenha destruir-nos[9].

> Se o arcanjo, o perigoso, surgisse agora das estrelas e desse um só passo em nossa direção, nosso próprio coração, batendo muito forte, nos abateria. Quem sois vós?[10]

Antes de temer ou de se maravilhar com essas "belezas derramadas", é preciso voltar à nossa questão:

---

9. RILKE, R.M. *Elegias de Duíno* – Primeira elegia. Ed. bilíngue. Trad. e intr. de Karlos Rischbieter e Paulo Garfunkel. Rio de Janeiro: Record, 2002, p. 127.
10. Ibid. Segunda elegia, p. 135

Quem é o meu mestre?

Quem orienta meus desejos, meus pensamentos?

Quem tem autoridade sobre mim? Isso não quer simplesmente dizer quem me domina, mas quem me autoriza a ser eu mesmo?

Há quatro tipos de mestres:

1) O mestre essencial.
2) O mestre encarnado.
3) O mestre não encarnado ou invisível.
4) O mestre interior.

Mas há apenas um mestre: a vida, o vivente. Jesus dizia: "Não chamai ninguém mestre, um único é mestre". Um único nos dá a vida, a inteligência, a capacidade de amar. No entanto, esse mestre essencial, na sua bondade, pode se revestir para nós em uma forma encarnada. A função deste mestre encarnado ou mestre exterior é a de despertar em nós o mestre interior; ou seja, a capacidade de escuta ou de atenção que está sempre ligada e em contato com o mestre essencial. Esse mestre encarnado pode ser uma pessoa humana pertencente a uma tradição em particular. A relação com essa pessoa desperta em nós uma nova consciência que nos desperta à própria Fonte da vida. A grandeza de um mestre encarnado é o seu apagamento: ele não busca discípulos para si mesmo, ele nos ajuda a nos tornarmos discípulos da vida, da luz e do dom e a não mais nos considerarmos vítimas.

Um animal ou uma árvore também podem ser mestres encarnados. São as árvores que nos dão bom-senso, "enraizadas na matéria e de pé, erguidas e voltadas para a luz". Para alguns, é, portanto, a natureza que melhor os ensina, que os instrui, lhes manifesta o próprio dom da vida.

Há também o mestre não encarnado em um estágio anterior ao anjo; este mestre pode ser um ancestral, um espírito, uma entidade; o discernimento se faz necessário. O *channelling* e outras canalizações estão na moda. Quem fala através dessas pessoas que chamamos de médiuns? Não seria um inconsciente pessoal, transgeracional ou coletivo ou outras dimensões do ser que se manifestam?

Nesses casos, sem dúvida é preciso permanecer à escuta e não receber qualquer palavra vinda do invisível como sendo revelação do Absoluto. A vida jamais nos fala diretamente; ela sempre passa através de um ser relativo, uma linguagem, uma cultura, e é importante saber discernir cada plano do Real. Dar a Deus o que pertence a Deus e dar àquele que canaliza o que lhe pertence.

Uma abordagem transdisciplinar pode nos ajudar a ter discernimento. Geralmente, nossa atitude é ou o fascínio ou o desprezo. Alguns são fascinados por essas vozes que vêm do além e outros as rejeitam completamente dizendo que elas não passam de fantasmas ou de delírios. Nossa atitude não deveria ser nem o desprezo nem o fascínio, mas a observação e o discernimento. Por vezes, por meio de uma pessoa psiquicamente frágil, uma palavra verdadeira que não depende do seu estado psíquico pode nos ser transmitida.

Quais são, portanto, as inspirações que nos atravessam ou que nos são propostas? É preciso colocar a mesma questão com relação aos textos sagrados.

Será realmente Deus quem nos fala através do Corão ou da Bíblia?

De onde vêm as contradições internas em cada texto?

Qual é a influência da época, da cultura, do povo a quem o livro se dirige?

Reconhecer, apesar desses condicionamentos, a inspiração que pode vir de mais longe, de um lugar mais profundo... O papel de um texto sagrado é o de despertar em nós essa qualidade de escuta e de consciência que nos mantém ligados ao mestre essencial, à Fonte de tudo o que vive e respira.

Dentre os mestres não encarnados há aqueles que nós chamamos de anjos; eles são também um certo nível de consciência que nos coloca em relação com a Fonte do Ser. Os anjos apresentam-se sempre como servos, mensageiros, verdadeiros mestres; eles não nos mantêm dependentes, eles nos reconectam à própria Fonte da vida, eles despertam em nós o mestre interior.

A chave é o mestre interior, ou seja, essa qualidade de escuta e de atenção que nos permite, a cada instante, em qualquer circunstância da nossa vida, permanecer em contato com o mestre essencial. Os mestres encarnados ou não encarnados são os auxiliares da vida, para que em determinadas circunstâncias da nossa história nós possamos nos recolocar em nosso eixo, voltar ao nosso centro, para que se estabeleça em nós o vínculo entre nosso ser existencial e nosso ser essencial.

Para isso, é preciso beber do "cálice"[11]:

Em nossa abordagem do nosso mestre interior é necessário saber onde ele nos fala, quais são os centros vitais que ele desperta em nós, e isso varia de pessoa para pessoa. Alguns são mais sensíveis à linguagem do intelecto, outros à linguagem do coração, outros ainda à linguagem que emociona e mexe com as entranhas...

Como os antigos, podemos simbolizar os três centros vitais mais geralmente reconhecidos por três cálices, que são três capacidades de acolhimento e de receptividade à luz do mestre, mantidos juntos (e é a partir da sua integração que depende a qualidade do nosso discernimento).

Esses três cálices formam uma menorá com sete braços, receptáculo das mais elevadas luzes ou dos sete braços do Santo Espírito.

---

11. Cf. parte I.

CÁLICE DO CRÂNIO

CÁLICE DO CORAÇÃO

CÁLICE DAS ENTRANHAS

O que existe no cálice das nossas entranhas? Qual vida? O que está na origem das nossas pulsões, dos nossos instintos? O que existe no cálice do nosso coração? Um amor dependente das relações que nos cercam, um amor que tem sede e que é carente? Ou um amor incondicional, um amor fonte, plenitude? O que existe no cálice do crânio? Alguns lampejos de compreensão ou uma clara luz? O que existe no mais profundo de nós mesmos?

É bom aprofundar esses diferentes cálices para ali descobrir o que nos impulsiona a viver, a pensar, a amar; o que inspira nossa existência, nossa consciência e nossa paciência.

A imagem do cálice pode igualmente nos ser útil para nos interrogarmos sobre a profundeza na qual se enraízam nossas inspirações e essas diretivas que nos vêm do mais íntimo.

Em qual nível de realidade ou em qual nível de consciência situa-se nosso mestre interior? Nem sempre é Deus ou um anjo quem nos fala; por vezes é, como já vimos, nosso inconsciente, pessoal, transgeracional ou coletivo.

1

Frequentemente nosso primeiro mestre é o nosso ego, nós somos "ego-didatas", à escuta das nossas "boas razões", das nossas emoções, das nossas sensações etc. Basta seguir a razão e observar o encadeamento das causas e dos efeitos; o ego é limitado, mas ele não é um mestre ruim. Ele é informado pela busca dos seus próprios interesses, seja da ordem do prazer, da riqueza, do conhecimento ou do poder.

2

Por vezes, o que eu faço escapa à minha consciência, ao controle da razão. Minhas reações estão ligadas àquilo que vivi na infância. Não existe apenas o eu consciente, há também o eu inconsciente.

Esse inconsciente é frequentemente o mestre do nosso desejo; nós obedecemos ao nosso pensamento, repetimos o que não foi bem-vivido ou o que foi vivido de maneira incompleta.

Assim, meu mestre nem sempre sou eu; meu eu inconsciente é também o meu inconsciente pessoal. Eu sou o filho, a filha de meu pai e da minha mãe e de todas as alegrias e de todos os problemas que eles viveram. Eu sou o discípulo ou o escravo deste passado, do meu código genético. Talvez fosse bom nos libertarmos deste mestre? Pois ele nos mantém prisioneiros do mecanismo de repetição, o passado reconhecido ou não reconhecido nunca nos deixa livres.

3

Se cavarmos e nos aprofundarmos um pouco mais profundamente, descobriremos um novo nível de realidade que podemos chamar de inconsciente transgeracional. Não somos apenas os filhos dos nossos pais, mas de toda linhagem que vem antes deles. Por vezes, o que nos faz agir não está ligado ao nosso inconsciente pessoal, mas vem de muito mais longe. Da mesma maneira que é preciso aceitarmos ser os filhos do nosso pai e da nossa mãe – e isso nem sempre é fácil –, trata-se também de aceitar a linhagem à qual pertencemos. Tudo que não foi aceito não pode ser transformado.

Nas tradições antigas enfatiza-se muito o respeito aos ancestrais. Nosso mestre pode ser um ancestral, um espírito que pertence à nossa família, ele pode nos guiar e nos falar a partir do interior. Será que poderíamos dizer que ele nos fala a partir dos nossos genes e do nosso sangue?

A questão é saber se esse espírito nos mantém dependentes dele ou se ele nos conecta à própria Fonte do Ser? Ele é um servo da nossa evolução ou uma entidade, uma memória que nos impede de avançar? Quando nos colocamos à escuta da voz dos ancestrais, o discernimento é necessário.

É importante aceitar nosso pertencimento a uma linhagem, a uma família. Mas como aceitar nossa herança sem sermos apenas herdeiros? Saber que existe em nós, para além da repetição, uma parte de criatividade, de novidade, o novo é possível, nós não somos totalmente dependentes da nossa herança genética tribal ou social. Será que podemos invocar outras dimensões de nós mesmos não determinadas pela nossa infância ou nossos ancestrais?

4
Ultreia, um passo a mais; talvez possamos descobrir o inconsciente coletivo: nosso pertencimento, não apenas a uma família, a uma linhagem particular, mas a um povo, uma cultura, uma civilização com todos os seus registros simbólicos e seus valores antropológicos, cosmológicos e teológicos.

O que tem valor em uma cultura pode não ter em outra. Por exemplo, a maneira de acompanhar uma pessoa que está no fim da vida depende do nosso inconsciente cultural ou coletivo. Quando uma cultura diz "enquanto houver vida, há esperança", uma outra poderá dizer "enquanto houver vida, haverá sofrimento" ou "enquanto houver vida, há ilusão". As três afirmações são verdadeiras, as consequências concretas na maneira de acompanhar os moribundos serão importantes.

Esse inconsciente coletivo é também o mundo dos arquétipos no sentido junguiano do termo, das grandes imagens que nos habitam e nos estruturam: as imagens de Deus, do cosmos; as imagens do homem, da mulher e do casal. Essa herança nos molda e nos domina a partir do nosso interior. Por vezes, durante a meditação, nós entramos em contato com esse inconsciente coletivo; nossos sonhos são por vezes sonhos arquetípicos que podemos compreender como guias ou fontes de inspiração.

Os grandes líderes carismáticos falam frequentemente com o inconsciente coletivo das pessoas às quais eles se dirigem. Quando escutamos, por exemplo, o que Hitler dizia, vemos que no nível da razão isso não faz muito sentido. No entanto, homens e mulheres inteligentes, todo um povo, o seguiu; ele manipulava as grandes imagens que pertencem ao inconsciente coletivo. Inconscientemente, podemos nos submeter a mitos e fazer o oposto daquilo que faríamos em plena consciência.

Esse inconsciente coletivo tem igualmente um papel importante nos fenômenos chamados de conversões. Penso neste amigo que "refugiou-se" no Buda e que voluntariamente rejeitou a tradição cristã na qual ele tinha sido educado. Uma manhã, durante o café da manhã, ele me contou: "É curioso, à noite não sou visitado pelas divindades benévolas ou coléricas da tradição tibetana; são representações que pertencem à civilização cristã que vêm me visitar: a Virgem Maria, São Bruno e outras imagens da santidade..."

Podemos facilmente mudar de religião, mas não mudamos facilmente de inconsciente. Nosso inconsciente permanece ligado a uma certa tradição, a uma certa cultura. Isso não quer dizer que o cristianismo e o budismo excluem-se um ao outro. Um budista pode estar aberto ao cristianismo ou um cristão pode ter um grande interesse pelo budismo e eles podem enriquecer-se mutuamente com tesouros das suas filosofias e das suas religiões, mas no nível do inconsciente, não conseguimos escapar da civilização à qual pertencemos.

Quem é meu mestre?

Uma presença que pertence ao meu inconsciente transgeracional? Uma imagem ou um arquétipo que pertence ao inconsciente coletivo? Não seria preciso nos interrogarmos sobre os textos sagrados? É Deus quem fala através deles ou é um inconsciente coletivo? Talvez haja textos dirigidos a um povo e que não o sejam a um outro?

Penso em determinadas passagens do Corão onde podemos nos perguntar: "É realmente Deus quem está falando?"

Um versículo diz que Deus ordena ao homem que "bata em sua mulher e a feche em um armário caso ela resista"[12] – será realmente Deus quem fala ou será o inconsciente pessoal, transgeracional ou coletivo do autor?

Cito aqui um exemplo do Corão, mas poderia também citar passagens da Bíblia que foram utilizadas por todo tipo de inquisições para justificar o assassinato dos infiéis.

Quando estamos na presença de um texto que atribuímos a Deus, deveríamos nos lembrar que se trata sempre de uma palavra humana; a informação mais santa passa sempre através de um ser humano, e esse canal sempre deixa sua marca pessoal, social, cultural, sobre essa inspiração.

Quando escutamos vozes ou quando lemos os textos dos grandes inspirados, sábios ou profetas, qualquer que seja a sua tradição, é bom nos lembrarmos que tudo que sabemos

---

12. Cf. surata IV, 34.

do Absoluto sempre nos é comunicado através de um ser relativo. Só temos conhecimentos relativos sobre o Absoluto. Saber disso poderia nos libertar de todos os fanatismos e de toda forma de idolatria: de uma doutrina, de uma pessoa ou de um texto sagrado. Por meio deste texto sagrado é, sem dúvida, Deus, o Real, que nos fala, mas através dos limites daquele que o escuta e transmite sua palavra.

5

Se cavarmos ainda mais em direção às nossas profundezas iremos descobrir o inconsciente cósmico.

Fazemos parte do universo, não estamos separados do nosso meio ambiente, somos feitos de terra, ar, sol e água. O homem colhe as consequências do seu comportamento para com o meio ambiente. Descobrimos a cada dia um pouco daquilo que chamamos de antropoceno, a influência do homem sobre o cosmos, mas também a influência do cosmos sobre nós; nosso mestre pode ser, então, a grande natureza que nos habita e na qual nós habitamos.

Trata-se de estar em harmonia com a natureza (isso significa seguir o Tao ou o Logos). Estar à escuta do mestre da vida é estar à escuta da natureza e estar em harmonia com tudo aquilo que acontece, seja agradável ou desagradável; nós somos um com o cosmos, ele é o nosso mestre.

A realidade é una, mas ela assume diferentes formas, diferentes densidades. Trata-se de explorar essas diferentes densidades, escutar os diferentes níveis de realidade sem permitir que nos fechemos em um único nível.

Esse é o drama do psicótico fechado, por vezes, em um único nível de consciência, nas grandes imagens ou arquétipos que nos habitam – como se o vínculo com o mundo quotidiano e com o mundo espiritual tivesse sido cortado.

Como entrar nesses diferentes planos de consciência sem nos deixar fechar ali? Podemos descobrir mais do que a natureza e o cosmos dos quais somos partes mais ou menos bem-integradas?

6

Podemos ter acesso àquilo que chamamos de inconsciente angélico? Trata-se de um nível de realidade que não é simplesmente o cosmos, mas os arquétipos a partir dos quais ele é construído. Trata-se do mundo imaginal, que não é o mundo do imaginário ou da imaginação. É o mundo das ideias no sentido platônico do termo. Um arquiteto constrói uma casa a partir das plantas que ele elaborou. A casa pode ser destruída, mas se as plantas estiverem guardadas, se elas foram preservadas, ela poderá ser novamente construída. Existiriam plantas deste universo que serviriam para a sua reconstrução quando este for destruído?

O arquiteto terá o cuidado de recriar de maneira idêntica ou, pelo contrário, irá criar a partir do novo?

Quando levamos em consideração uma casa, podemos nos dar conta da inteligência do arquiteto e das plantas que tornaram sua construção possível. Quando observamos o universo, podemos por vezes sentir essa inteligência que informa a manifestação... e fazer desta inteligência nosso mestre.

O mestre "imaginal" não é apenas físico nem apenas espiritual; ele é aquele que, através dos seus planos e plantas, suas ideias e seus arquétipos, me faz existir e existir todo o universo, é a inteligência ou a imaginação criadora.

7

Se formos além do inconsciente angélico ou arquetípico, poderemos descobrir a *imago Dei* – a imagem de Deus ou "arquétipo da síntese". Podemos sentir a presença e a consciência em nós mesmos do Homem-Deus ou do Deus-Homem que os anjos servem. Ele realiza a união do finito e do infinito, do eterno e do tempo, de Deus e do homem...

É a experiência do Cristo como Logos. Nosso mestre interior é chamado "Cristo interior". Aquele que se manifestou na história e no tempo manifesta-se como eternamente vivo dentro de nós.

"Onde Eu Sou/Eu Estou, eu quero que vocês sejam/estejam também."

A *imago Dei* é o Eu Sou que se encarna em nós, assim como Yeshua outrora encarnou na Galileia. Ele nos convida a viver no sopro e na vigilância (*èn pneumati kai alethéia*), voltado para a Fonte de toda verdade e de todo bem que ele chamava de Pai.

Quem é meu mestre?

Quem me conduz e me orienta a partir do interior?

Não é a própria Fonte do Eu Sou? Dizíamos que a grandeza de um mestre está em seu apagamento. Um verdadeiro mestre nunca se apresenta como mestre, mas sempre como discípulo.

8

Jesus dirá: "Aquele que crê em mim, não é em mim que ele crê, mas naquele que me enviou". Jesus apresenta-se como discípulo do Pai, o Pai que está na Origem, a Origem do ser, do Eu Sou, a Origem de todos os planos da realidade – que podemos chamar de Deus.

Alguns dizem "meu mestre é Deus", "não há outro Absoluto além do Absoluto", mas essa ainda é uma imagem do Absoluto. Eckhart dizia: "O Criador é uma concepção da criatura quando a criatura reflete sobre a sua origem, sobre a causa da sua existência e da existência do universo". A própria Origem apaga-se; nesse momento nos aproximamos da experiência mística silenciosa...

Chegamos àquilo que podemos chamar de o Aberto, o fundo que não tem fundo...

9

Eckhart dizia que além de Deus há a deidade sobre a qual nada podemos dizer. Somos obrigados a entrar no silêncio, reencontrar a página branca, o espaço sobre o qual não é possível colocar palavras. Colocar palavras sobre essa realidade é limitá-la, reduzi-la àquilo que dela podemos compreender.

Por vezes, essa é a nossa experiência; todas as imagens, todas as representações que fazemos de Deus e do Absoluto dissipam-se. Nesses momentos não perdemos a fé; vamos além das nossas crenças...

Essa experiência é importante no encontro das religiões e das ciências. Se nos reunirmos em torno daquilo que sabemos de Deus ou da Origem que temos, talvez jamais entremos em acordo, mas poderemos reconhecer juntos a Origem que nos falta, sobre a qual nada sabemos.

Compartilhar nossos saberes, mas compartilhar também nossos não saberes, o mestre desconhecido... O mestre conhecido que se faz conhecer através de todos os mestres conhecidos.

10

Aqui nos aproximamos do fundo sem fundo, mas será que podemos nos aproximar de um abismo sem nos perdermos nele? Entrar no coração da chama sem sermos consumidos?

Para que este sem fundo venha ao nosso encontro em nossa densidade, ali onde estamos, em nossa consciência e em nossos pensamentos ordinários, é preciso atravessar todos os planos de realidade que já evocamos.

É preciso esvaziar o cálice, pois ele está cheio; para beber no sem fundo do cálice é preciso mergulhar e atravessar todos os níveis de realidade que evocamos. Se afirmarmos nossa unidade com o Real infinito sem viver a prova dos diferentes planos do ser, sem aceitá-los, arriscamos estar na ilusão.

Por que nos privarmos de todos esses níveis de realidade?

A realidade é una e ela manifesta-se sob diferentes formas.

O mestre essencial é o sem fundo de tudo.

O mestre interior é a consciência na qual nós nos encontramos quando fazemos o elo com o mestre essencial.

O papel do mestre exterior é o de nos ajudar a fazer o elo com este mestre essencial. Sua função não é a de nos manter na sua dependência, mas de nos ligar ao próprio Ser.

Da mesma maneira, o papel do mestre invisível é o de despertar em nós o mestre interior que nos liga ao mestre essencial.

O livro *Diálogos com o anjo*[13] nos mostra que o vínculo com o mestre essencial não implica a destruição de todos os níveis de realidade nos quais estamos, mas a sua abertura...

Não se trata de destruir o ego, pois ele é aquilo que somos; esse pacote de memórias que nos constitui: as memórias pessoais, transgeracionais, coletivas ou cósmicas.

Os cientistas nos dizem que em nosso corpo habita a memória do *big-bang*. Nós pertencemos ao cosmos, pois temos em nós o reluzir de antigas estrelas...

Não se trata de negar essa realidade, mas de nos abrirmos ao nosso duplo de luz, estabelecer contato com o sem fundo do nosso ser.

Não se trata de destruir o eu; não é esmagando a lagarta que a ajudaremos a tornar-se uma borboleta. Não é esmagando nosso ego, nossa forma singular, que iremos despertar a consciência angélica que está em nós, essa consciência

---

13. MALLASZ, G. *Diálogos com o anjo*. Petrópolis: Vozes, 2011.

que nos aproxima da pura presença. É preciso integrar todos os planos do Ser.

Meditação

Em nosso silêncio, diferentes qualidades de consciência podem se manifestar. Coisas muito antigas podem voltar e elas nem sempre serão agradáveis. Às vezes, são fantasmas que voltam, pessoas sobre as quais não falamos em nossas famílias e que pertencem ao inconsciente transgeracional.

Isso pode ser também o inconsciente coletivo que se expressa em nós e nos faz sentir uma grande tristeza, uma dor que nos atravessa. Talvez essa dor não esteja ligada à nossa história pessoal, ela pode ser o estado da sociedade na qual estamos e que sofre em nós e através de nós. Nesses casos, é bom nos lembrarmos que existe, em nossa mais íntima profundeza, algo de mais profundo ainda e não nos fecharmos nesses estados de consciência poderosos que podem nos conduzir ao desespero.

Por vezes, podemos sentir em nossos corpos o estado da terra. Podemos sofrer com as árvores, com nosso meio ambiente... Não é loucura nem alucinação, talvez seja simplesmente o sinal de uma grande sensibilidade.

É preciso ainda colocar a questão: Como não ser o objeto dessa sensibilidade, mas seu sujeito? Não ser objeto das circunstâncias, mas seu sujeito, o Eu Sou que contém todos os acontecimentos? Há essa voz interior que nos diz: lembra-te do Ser que está em ti, o Ser de luz, o Ser de paz, o sujeito livre que está em ti: Eu Sou... Trata-se de ir ainda mais fundo...

Na superfície do oceano pode haver tempestades, mas o fundo do oceano está sempre calmo. Quando meditamos, às vezes atravessamos tempestades que são diferentes para cada um de nós. Há tempestades no nível dos pensamentos, no nível das emoções, ou algo que nos faz mal no nível do corpo.

Em todos os casos, podemos pensar no Eu Sou que está em repouso no fundo do barco:

> E aconteceu que, num daqueles dias, entrou num barco com seus discípulos, e disse-lhes: "Passemos para o outro lado do lago. E partiram. E, navegando, Jesus adormeceu. Sobreveio uma tempestade de vento no lago e o barco se enchia de água. Eles estavam em perigo. E, chegando-se a Ele, o despertaram, dizendo: "Mestre, Mestre, perecemos". E Ele, levantando-se, repreendeu o vento e a fúria da água, que cessaram, e fez-se bonança. E disse-lhes: "Onde está a vossa fé?" E eles, temendo, maravilharam-se, dizendo uns aos outros: "Quem é este que até manda nos ventos e na água, e lhe obedecem?" (Lc 8,22-25).

Os discípulos têm medo porque o barco corre o risco de ser subjugado pelas ondas e o vento. O evangelho nos diz que Jesus dormia, Eu Sou dormia no fundo do barco... Os discípulos despertam Jesus; Ele se ergue e respira. Os ventos se acalmam.

Talvez seja preciso despertar em nós o Eu Sou, a consciência de ser Eu Sou. Talvez neste Sopro do Ser, nessa grande respiração do grande vivente, nossos pensamentos e nossas emoções vão se acalmar. Nada é destruído, nem os pensamentos, nem as emoções, nem a vida afetiva, mas tudo é colocado em seu eixo, tudo é reconectado com o fundo do Ser.

Somos chamados a fazer essa experiência.

O papel do mestre interior – que vem ao nosso encontro nos momentos onde estamos perturbados, quando nenhuma resposta externa pode nos consolar – nos faz voltar ao nosso centro, nos coloca neste Sopro profundo e nos aproxima da presença d'Aquele que É, o puro Eu Sou, o Ser que está no fundo do sem fundo.

Às vezes, o cálice da cabeça e o cálice do coração estão cheios, não escutamos mais o canto claro e puro que ali se manifesta... por vezes eles estão desobstruídos, e o espírito, o coração e o corpo estão, então, esvaziados, relaxados, livres.

Pouco importam as memórias que nos habitam; há esse espaço, no nosso interior, através do qual o som do Ser pode ressoar, pode respirar...

Presença do Eu Sou...

Presença de um espaço simples, silencioso e puro... um verdadeiro sol.

Permanecer e respirar nesta presença... À escuta do mestre essencial e então... "Vá!" onde o coração "dele" te conduz...

Questões

• *O senhor poderia dar as referências exatas da passagem do Corão que foi mencionada?*

Trata-se da surata IV, 3, 34.

> Se temerdes ser injustos no trato com os órfãos, podereis desposar duas, três ou quatro das que vos aprouver, entre as mulheres. Mas, se temerdes não poder ser equitativos para com elas, casai, então, com uma só, ou conformai-vos com o que tendes à mão. Isso é o mais adequado, para evitar que cometais injustiças.
>
> Os homens têm autoridade sobre as mulheres em razão da preferência de Alá por eles em detrimento delas e dotou uns com mais (força) do que as outras e pelo seu sustento do seu pecúlio. As boas esposas são as devotas e obedientes, que guardam, na ausência (do marido), o segredo que Alá ordenou que fosse guardado. Quanto àquelas, de quem suspeitais deslealdade, admoestai-as (na primeira vez), abandonai os seus leitos e as fechai nos armários (na segunda vez) e castigai-as (na terceira vez); porém, se vos obedecerem, não procureis meios contra elas. Sabei que Alá é Excelso, Magnânimo.

Seria necessário citar outras passagens do Corão, consideradas como palavras de Alá, verdade infalível: Será realmente Deus quem fala desta maneira? Ou será um ser humano, com uma psicologia particular em um contexto social e cultural particular? Para um muçulmano, é Deus quem fala, não é o homem Maomé com a sua história, seu inconsciente pessoal e transgeracional.

Conhecemos as consequências quando interpretamos ao pé da letra um texto inspirado! "A letra mata, o espírito vivifica." O espírito está na interpretação que podemos dar a essas Escrituras. Se a letra mata é porque ela é inspirada de maneira criminosa, seja a letra do Corão, da Torá ou dos evangelhos. Não devemos acusar os textos, mas sua interpretação.

A flor dá seu pólen, e com este pólen a abelha faz mel e a vespa faz o seu veneno.

As Escrituras são realmente inspiradas por Deus? De qual nível de realidade ou de qual nível de consciência elas dão testemunho? De qual Deus?

Para alguns muçulmanos, tais questões são inaudíveis e sacrílegas, o espírito de Maomé era virgem, iletrado e o Corão imprimiu-se nele, foi "uma imaculada concepção"; o texto não vem de Maomé, mas de Alá. No entanto, é um homem que fala, com sua língua particular; há palavras, isso supõe que Maomé tinha um inconsciente pessoal e um inconsciente coletivo, que ele pertencia a uma cultura. Talvez sua inspiração venha de Deus, mas ela passa pela sua humanidade, pelos condicionamentos e os limites que a forma humana pressupõe.

Também é importante nos lembrarmos de que maneira o Corão, pouco a pouco, tornou-se um texto escrito e "revelado". Primeiro, Maomé recebe (quando ele estava nas grutas do Monte Hira, próximo a Meca) informações interiores que ele guarda para si. Um dia, ele fala sobre elas com Khadija, sua mulher, mais velha do que ele e que ele acolhera no início da sua vida adulta. Khadija é a primeira pessoa a receber as mensagens do Corão. Após ter acalmado seus temores, ela o convida a compartilhar suas inspirações com seus próximos.

Algumas dentre essas pessoas, que foram as primeiras a ouvir o Corão, decoram as palavras de Maomé. Todas ouviram o mesmo discurso, mas não se lembram das mesmas coisas. A palavra que se apresenta como tendo vindo de Deus é entregue à fragilidade da memória e da interpretação dos seres humanos.

Em seguida, sentiremos a necessidade de reunir essas palavras e de colocá-las por escrito, sobre ossos de camelos ou em pedaços de madeira.

Logo, havia dez versões das palavras recebidas por Maomé; como se houvesse dez corões!

Vale a pena lembrar que o Corão só foi realmente unificado em 1923, no Cairo[14].

Há também diferenças e disputas entre aqueles que dizem que o Corão é a palavra de Deus que caiu do céu, diretamente de Deus, e aqueles que apresentam a história desta escritura, falando sobre sua gênese e suas diferentes versões.

Com a Bíblia, acontece algo semelhante. Há alguns anos diziam que a Bíblia era a palavra divina recebida diretamente de Deus, e alguns fundamentalistas ainda o afirmam. No entanto, a história nos mostra que esses textos inspirados passaram por diversas etapas de redação e tomaram formas variadas segundo os lugares e as culturas onde eles foram anunciados.

Santo Tomás de Aquino dizia frequentemente que o pensamento de Deus não substitui nem apaga o pensamento do profeta; em um texto profético há uma parte que vem de Deus e da inspiração, mas há também uma parte humana ligada àquele que transmite essa palavra.

Se falo dessas questões é porque, diante de um texto atribuído a um mestre, seja humano, pertencente a um mundo

---

14. MASSON, D. *Introduction au Coran*. Ed. atribuída a Boulaq, p. XLI. Coleção Bibliothèque de la Pléiade. Não menciona os debates entre xiitas e sunitas sobre o verdadeiro Corão, expurgado das diferentes referências a Ali.

97

intermediário, ou um mestre divino, é preciso nos lembrar que nunca é o Absoluto quem nos fala diretamente. Isso poderia nos conduzir à idolatria, seja do texto, seja da pessoa que o anuncia, e isso conduz a diferentes formas de fanatismo, cada um quer impor ao outro o que julga ser verdadeiro; no entanto, o que é verdadeiro e bom para um talvez não o seja para o outro. Não tenho o direito de impor minhas certezas ou minhas convicções, mas posso compartilhar minhas convicções e minha fé, respeitando a fé e as convicções do outro.

Quem é meu mestre?

Quem é o seu mestre?

Qual é o nível de realidade que nos fala através dessa pessoa, deste texto, desta doutrina ou desta comunidade?

- *Quando fazemos ao mestre a pergunta: "Quem é Deus?", qual é a sua resposta, quem responde? Quando colocamos ao mestre a questão: "Qual é o sentido da vida?", qual é a sua resposta?*

Se coloco essa questão a um filósofo, que pode ser o meu mestre, ou à minha razão, eu vou escutar argumentos lógicos, que irão me pedir para sair dos efeitos e ir em direção às causas até chegar à causa primeira, o princípio primeiro, a Origem de tudo.

Cada mestre tem uma maneira particular de falar de Deus, daquilo que ele considera como o Absoluto.

Outros filósofos dirão que Deus não existe; não há Absoluto, há apenas o relativo (que é uma maneira de fazer do relativo um absoluto), ninguém nunca viu Deus, Deus não é algo que possamos tocar; Ele está além de tudo que possamos conceber. Eu recebo deste novo mestre informações que ele me pede para verificar, eu posso ou não estar de acordo com ele.

Se pergunto ao meu inconsciente pessoal quem é Deus, eu vou ver imagens de Deus que meus pais me transmitiram. Imagens que eles quiseram me transmitir e que eu posso transmitir aos meus filhos. É uma questão que podemos nos colocar: Qual imagem de Deus eu recebi dos meus pais e qual imagem de Deus eu gostaria de transmitir aos meus filhos? Meus pais eram ateus, eles me transmitiram que Deus não existe. Foi preciso descobrir por mim mesmo um outro ponto de vista. Mas nosso inconsciente permanece marcado pelas informações que nossos pais nos transmitiram.

Se eu coloco a mesma questão ao inconsciente transgeracional, tenho uma imagem de Deus que pertence a uma linhagem: todas as representações de Deus que por meio de gerações, ao longo dos séculos, foram transmitidas. Essas crenças e essas representações deixaram suas marcas e eu posso aderir ou recusar essas marcas e pegadas.

Tudo torna-se ainda mais difícil se nos dirigirmos ao nosso inconsciente coletivo. Trata-se de uma imagem de Deus transmitida por toda uma civilização. Qual é a imagem de Deus transmitida pelo catolicismo? Quais são as imagens de Deus transmitidas pelo budismo tibetano? São claramente culturas muito diferentes.

Quando perguntamos ao papa qual é a sua imagem de Deus e ao Dalai Lama qual é a sua representação do Absoluto, cada um terá sua maneira particular de falar sobre o Real, de representá-lo segundo as Escrituras ou suas experiências coletivas e íntimas.

Com a tradição do Islã, há novamente uma imagem de Deus que o inconsciente coletivo busca nos transmitir.

Se perguntarmos ao inconsciente cósmico quem é Deus, ou se fizermos essa pergunta a uma árvore, a uma flor, a um pássaro, teremos respostas que florescem e cantam. Não é escutando a natureza que os xamãs elaboram suas visões de Deus, da mãe terra ou do grande espírito?

Nós poderíamos colocar essa questão aos cientistas, aos físicos e àqueles que estudam as profundezas da matéria. Eles terão uma outra representação de Deus: eles o verão, talvez, como informação ou fonte de informação que anima todas as coisas. Não há outra realidade além da realidade, mas as maneiras para falar sobre ela são bem diferentes.

Poderíamos igualmente perguntar ao nosso anjo quem é Deus?

A resposta seria, mais uma vez, diferente da resposta que foi dada pelo nosso inconsciente pessoal, transgeracional ou coletivo. É possível que haja alguma coisa a mais para nos ser dito, algo que a árvore e a natureza não conseguem cantar... Talvez ele nos dirá que Deus é aquilo que nos ergue, nos coloca de pé, nos faz sorrir, nos desperta, nos maravilha, luz na luz...

Quando perguntamos a um mestre quem é Deus, a resposta vai depender do nível de realidade no qual ele se situa. Os anjos têm muito a nos ensinar sobre a realidade de Deus. Isso não se opõe a outras descobertas nem a outras abordagens, mas nos convida a mudar de perspectiva quando olhamos as profundezas do Real.

Se colocarmos essa questão ao "arquétipo da síntese", se interrogarmos Yeshua e os evangelhos, será uma visão de Deus ainda diferente daquela dada pelos inconscientes coletivos.

Voltar aos evangelhos, entrar na visão que Jesus tinha de Deus é fazer-se a pergunta: qual é o Deus do Eu Sou que está em nós? Então, descobrir a relação que religa nosso ser à fonte do Ser que Jesus chamava de seu Pai é receber o convite para entrar em uma relação, na intimidade que Eu Sou – Yeshua – tinha com o seu Pai. "Eu sou contigo/Eu estou contigo."

Se colocarmos a Deus a questão sobre quem Ele é, qual seria a resposta? Ele responderá, sem dúvida, com um grande silêncio, ou uma tautologia: "Eu Sou o que Sou..."

Essa questão foi colocada por Moisés sobre o Monte Sinai: "Quem és tu?" Ele efetivamente recebeu a seguinte resposta: "Eu Sou o que Sou". Escutar em nós essa resposta nos fundamenta no Ser, Eu Sou está aqui.

"Para, fica tranquilo, saiba que Eu Sou."

Quando colocamos essas questões essenciais ao nosso mestre interior ou exterior, ele só poderá nos responder de acordo com o nível de realidade e de consciência no qual ele se encontra. O importante é que ele não nos detenha, não nos feche em seu nível de consciência, mas que ele nos convide a irmos mais longe, além de tudo aquilo que é conhecido e cognoscível.

A questão "quem é Deus?" feita na terceira pessoa, é a questão "quem sou eu?" feita à primeira pessoa. Quando me aprofundo nessa questão, descubro que eu não sou apenas meu pequeno eu, com suas racionalizações e seus conhecimentos; eu não sou apenas o que herdei de meus pais, o que herdei das gerações anteriores e o que me acontece através deles. Eu não sou apenas uma expressão do inconsciente coletivo, eu não sou apenas uma expressão da natureza ou um anjo caído do céu e que se lembra "eu sou também quem sou"... Neste momento, não se trata mais de eu sou isto ou aquilo, mas de um puro eu sou, de uma simples presença.

Quando pergunto ao meu mestre interior ou exterior qual é o sentido da vida, as respostas brotam do nível de realidade e de consciência onde ele se encontra. Um filósofo poderá dizer que o sentido da vida é o prazer, outros que é a realização do dever. Cada filósofo tem sua maneira de dizer, de maneira mais ou menos racional, qual sentido podemos dar à nossa vida, com mais ou menos dúvidas ou certezas.

Há também o sentido da vida que herdei da minha família, a importância do sucesso, do êxito e do trabalho.

Qual sentido da vida foi desenvolvido em minha linhagem? Quais seus valores essenciais que foram transmitidos de geração em geração? Nós não fomos educados segundo os mesmos valores.

Posso perguntar qual é o sentido da minha vida ao sol ou a uma árvore. Para um xamã, o sentido da vida é estar em harmonia com a natureza. Ser um com o Tao, ser um com o movimento da vida que se dá.

Se perguntarmos qual é o sentido da vida para um anjo, se não for um anjo das trevas, ele irá sem dúvida sorrir e nos convidar a nos elevarmos, a nos voltarmos para a luz, para Ele, o Ser que é e faz ser tudo o que é.

Um verdadeiro mestre apaga-se diante do que é maior do que ele, ele não busca nossa dependência, o vínculo deve ser com a Fonte do nosso ser e da nossa liberdade.

Se perguntarmos a Cristo qual é o sentido da vida, Ele também não irá nos conduzir a si mesmo. Yeshua disse: "Aquele que crê em mim, não é em mim que ele crê, mas naquele que me enviou" – ou seja, ele crê naquele que eu manifesto, naquele cuja verdade e misericórdia eu encarno.

Jesus disse: "É bom para vós que eu me vá", se eu não partir, o mestre interior não poderá nascer em cada um, vocês permanecerão ligados a um mestre exterior e farão de mim um ídolo ao invés de fazer de mim um ícone...

A diferença entre um ídolo e um ícone é que o ídolo obstrui o olhar, ele enche os olhos, enquanto o ícone abre os olhos ao invisível. Quando olhamos através de uma janela, não é a janela que olhamos, mas a paisagem que está além da janela. Da mesma maneira, trata-se de olhar através de Jesus e ver a presença que ele encarna e manifesta. YHWH, Abba, A'um, seu Pai.

Se perguntarmos a Deus qual é o sentido da vida, será a palavra do Gênesis que escutaremos: "Seja!"?

Depois disso, há apenas o silêncio; não falamos mais do sentido da vida, vivemos, o mais intensamente, o mais conscientemente, o mais amorosamente possível.

Beber do cálice do vivente é saborear todas as respostas que ele nos dá, em todos os níveis do Ser e da consciência. A cada nível atravessado, aproximamo-nos um pouco mais da plenitude daquilo que somos.

• *Eu Sou está em mim? Sou eu que estou no Eu Sou? Será que eu sou Eu Sou? Poderíamos nos colocar a questão de uma* outra maneira: *o espaço está em mim? Eu estou no espaço? Eu sou o espaço?*

Vocês conhecem o provérbio: "O espaço que está no interior de uma ânfora é o espaço que preenche todo o universo".

O espaço que está no interior do coração é o espaço que contém todo o universo.

Deus está no meu coração ou eu estou no coração de Deus?

É a vida que está em mim ou sou eu que estou na vida? Será que posso dizer "eu sou a vida?"

Podemos fazer uma distinção entre "a vida que eu tenho" e "a vida que eu sou"?

"A vida que eu tenho", que eu herdei dos meus pais, eu nem sempre vou tê-la, eu a terei ainda por algumas semanas, alguns anos. Mas "a vida que eu sou" existia antes de mim e dos meus pais e ela existirá também depois de mim e dos meus pais.

Podem me tirar "a vida que eu tenho", mas não podem me tirar "a vida que eu sou".

A meditação pode nos ajudar a descobrir, no coração da vida que temos, a vida que somos; no coração do eu está a presença de Eu Sou: "Habitai em mim como eu habito em vós; como o Pai está em mim, eu também estou, eu sou, em vós".

Estar à escuta do mestre interior é estar à escuta não apenas da vida que eu tenho, com suas alegrias e tristezas, com suas doenças ou seus prazeres, é estar à escuta da vida que eu sou.

O mestre interior é a presença, a manifestação de Eu Sou. Orar ou meditar é estar em relação com sua presença.

Não são apenas palavras, é uma prática e uma experiência. Sentir que o nosso sopro está ligado à Fonte do Sopro, que nossa inteligência, para existir, está ligada à inteligência criadora, que o meu amor com seus limites, seus desejos e seus medos, não tem outra Fonte senão a Fonte de todo amor.

Essa prática pode nos conduzir a uma abordagem do Real, onde eu não vejo apenas as coisas, mas também o olhar que olha as coisas.

Da mesma maneira, no nível da escuta: trata-se de escutar o que ouço e de escutar aquele que escuta. Deus está em nós, é aquele que escuta.

Esse é o grande exercício proposto por Moisés e retomado por Jesus: "Escuta, Israel, tu amarás..." É graças à nossa escuta que o próprio Ser, através de tudo aquilo que é e respira, nos revela sua presença.

Trata-se de entrar em uma consciência onde não vemos apenas as aparências, vemos as aparências nos aparecerem.

A palavra "Deus" vem do latim *dies*, que quer dizer "dia". Trata-se de ver o dia; não apenas as coisas, mas o dia no qual as coisas aparecem. Podemos morrer sem termos visto o dia!

Trata-se igualmente de ver o espaço no qual as coisas aparecem, essa luz que não conseguimos ver, mas que nos faz ver.

Deus não é uma coisa que podemos possuir, um objeto, um ser que poderíamos ter. Ele é o Ser com quem podemos ser...

Poderíamos dizer que o amor é o único Deus que não é um ídolo? Só podemos tê-lo quando o damos. O amor não pode ser possuído, só podemos dá-lo.

Não podemos ver o amor de frente; é preciso habitá-lo, estar em seu meio para vê-lo por todo lado, frente a frente, no rosto do outro. Uma palavra que é utilizada incessantemente em *Diálogos com o anjo* é "dar", "doar".

Reencontrar essa capacidade de dom que está no coração da vida. Não se trata de dar alguma coisa em particular, mas de entrar no movimento da vida que se dá.

Cada questão é um convite para ir averiguar, nas profundezas, se Eu Sou está lá; descobrir sua presença e agir a partir daí.

- *O mestre interior ou exterior é necessário?*
O que nos dizem as tradições espirituais a este respeito?

Alguns nos dizem que o mestre é necessário, outros dizem que não:

> Não caminha sozinho sobre o caminho, pois poderás perder-te.
> Não conseguimos ver a nós mesmos com nossos próprios olhos.
> Precisamos do outro para nos conhecermos a nós mesmos.
> Se não escolheres um mestre, é satã quem vai tornar-se teu mestre (Ibn Arabi).

Alguns vão utilizar outras palavras: o ego será o teu mestre. Confiar em seu próprio julgamento é confiar em seu ego. Nesse caso, corremos o risco de cairmos na autoilusão. Por exemplo, ler os textos sagrados segundo nossas interpretações mesquinhas ou parciais. Há, no entanto, tradições onde se insiste sobre essa necessidade de ter alguém, um ensinamento que nos acompanha e ilumina nosso caminho. Outros dirão que um mestre não é necessário e que ele chega a ser um obstáculo ao único mestre: o Real soberano, Deus.

Rumi dizia sobre seu mestre:

> Ele é a verdade, a essência de toda verdade, ele é o mistério de todas as religiões, a boca de todas as certezas...

Será que ele era idólatra?

Sua atitude está próxima à do hindu em sua relação com o guru; é através dele que a verdade nos é transmitida, ele é a encarnação desta verdade (*avatara*).

No entanto, o mesmo Rumi diz em outra passagem:

> Purificai-vos dos atributos do eu, para contemplar vossa própria essência em sua pureza e contemplar em vosso coração toda a ciência dos profetas, sem livro, sem professor, sem mestre.

O objetivo é despertar em nós a essência da vida. O objetivo do mestre exterior é nos despertar a esta presença. Tudo que faz com que sintamos essa presença criadora e transcendente, uma árvore, um pássaro ou um homem, pode também ser nosso mestre.

O mestre habita nossa interioridade, seu reino está dentro de nós, seu ensinamento não é externo ao nosso ser profundo.

Um aluno de Santo Tomás de Aquino lhe fez esta pergunta: "Se o papa me pedir para fazer uma coisa e minha consciência me disser para fazer uma outra, a quem devo obedecer?"

Santo Tomás de Aquino, doutor da Igreja romana, responde: "Escuta a voz da tua consciência e busca esclarecê-la e iluminá-la". Isso pode nos surpreender, mas são palavras repletas de bom-senso e de psicologia. Se ele tivesse dito: "Escuta o papa e obedece", isso teria feito com que o seu aluno se tornasse um pouco hipócrita ou esquizofrênico. Quando fazemos algo que a autoridade nos diz para fazer, mas que em nosso interior pensamos o contrário, isso cria uma divisão interna que está na origem do mal-estar e da doença. Mas Tomás de Aquino disse: "Escuta a voz da tua consciência e busca esclarecê-la e iluminá-la. Não mintas a ti mesmo, mas busca esclarecer teu julgamento; tu descobrirás talvez que aquilo que o papa disse é justo. Isso virá de ti, não será imposto de fora para dentro".

No lugar do papa, podemos pensar em qualquer autoridade, a de uma doutrina, um livro, ou um pai ou uma mãe. Se não estivermos mais de acordo, é preciso ser capaz de escutar a voz da nossa consciência.

Sempre podemos nos enganar, mas a partir de um determinado momento não podemos mais mentir para nós mesmos. É neste momento que despertamos em nós o mestre interior. Eu posso me enganar e cometer erros até o fim da vida, mas não posso mais mentir para mim ou isso faria com que eu ficasse doente. Este é o sinal de que estamos realmente conectados com nosso mestre interior.

Quem é meu mestre interior, quem tem autoridade sobre mim? O que me autoriza a agir desta maneira? Não devemos submeter nossa liberdade a qualquer um, mas dá-la a quem nos torna mais livres, mais verdadeiros.

"É melhor seguir sua lei, mesmo de maneira imperfeita, do que a lei de outro, mesmo que esta seja perfeita" – são palavras do Bhagavad-Gita.

Um caminho espiritual só deve servir uma vez e a uma única alma – ninguém passará novamente por este caminho nas mesmas condições.

Não se trata de uma religião individual, mas de uma maneira singular de aproximar-se do Absoluto.

Um verdadeiro mestre espiritual jamais impõe sua própria maneira de entrar em relação com o Absoluto. Ele nos ajuda a descobrir nossa própria maneira.

Segue teu próprio caminho,
todo o resto é desorientação.

Essas palavras foram pronunciadas no dia 9 de julho de 1943 pelo anjo que se comunica com Gitta Mallasz. O mestre angélico nos conduz em direção ao nosso próprio caminho e nos ajuda a descobrirmos nosso ser essencial.

7
A tradição tibetana

A respeito da relação mestre exterior/mestre interior, é útil interrogarmos a tradição tibetana. Ela manteve o vínculo com suas origens ancestrais. Na tradição tibetana, o mestre pode ser, em uma primeira fase, um professor, chamado *kempo* (ou *pandit* na tradição hindu). É a relação de um aluno com um professor, alguém que aprende estando próximo daquele que sabe mais do que ele e que lhe transmite seus conhecimentos. É um primeiro nível de relação.

Em um segundo nível, o mestre não é apenas um professor, mas um amigo. Aquele que chamamos de amigo espiritual e que nos acompanha no caminho, que nos transmite não apenas conhecimentos, mas também seu coração, sua afetividade, sua maneira de viver a verdade.

Um mestre não é um sábio estrangeiro, ele é alguém com quem tenho uma certa intimidade, ele me conhece e vai adaptar seu ensinamento à situação na qual eu me encontro.

Eu tenho que ter certeza de que aquilo que ele busca não é agradar-me; ele busca meu despertar, minha libertação.

Assim, essa amizade pode por vezes ser muito exigente. Amor não é complacência. Não se trata de transmitir apenas uma felicidade ou um prazer, mas aquilo que torna possível a transformação e o despertar.

O terceiro nível de relação é aquele em que o mestre não é mais considerado como um professor ou um amigo que nos acompanha ao longo do caminho, mas alguém que nos transmite uma iniciação. Ele faz o elo entre uma linhagem iniciática e nós. Nas grandes tradições espirituais, o mestre é aquele que transmite uma iniciação e que, por meio dela, nos inscreve em uma linhagem para que uma prática não seja apenas a minha prática, mas a prática de todos aqueles que me precederam e que suas bênçãos possam me acompanhar ao longo do caminho. Através da iniciação, o mestre não nos transmite um ensinamento pessoal, mas uma tradição. Sua pessoa apaga-se diante da sua função: por exemplo, a função do Dalai Lama é mais importante do que a sua pessoa, mesmo que a sua pessoa esteja completamente de acordo com a sua função. Ele deve transmitir a tradição de compaixão e meditação da qual ele é herdeiro.

O discípulo deve examinar seu "lama" em potencial. Antes de reconhecer alguém como seu mestre, devemos experimentá-lo, não é apenas o mestre que coloca o discípulo à prova.

Quais são os critérios? O que vai nos permitir confiar inteiramente em alguém?

O Lama deve, antes de tudo, ter um vínculo regular com a tradição; ele deve pertencer realmente a uma linhagem; o ensinamento transmitido não deve ser o ensinamento do seu pequeno eu, mas o da sua tradição e ele deve ser reconhecido pelos seus pares.

A segunda condição é que ele aja em conformidade com o que ele transmite. Não basta dizer, é preciso fazer.

Jesus dizia a respeito dos fariseus: "Faça o que eles dizem; não faça o que eles fazem". É a diferença entre Jesus e os fariseus: ele faz o que ele diz.

Os judeus dirão que a doutrina de Yeshua é a mesma dos fariseus. Encontramos em sua boca as palavras de Shamai, de Hillel e outros grandes rabinos da sua época. Mas Yeshua faz o que diz, ele encarna a palavra, ele é a Torá encarnada.

Um outro aspecto importante que devemos encontrar no mestre é que ele seja desinteressado: que ele não busque nem a glória nem a riqueza. Que ele manifeste uma compaixão autêntica por aqueles que o escutam.

O que o mestre deve buscar é o despertar do discípulo. Ele não deve querer dominar, ter razão, ser o mais inteligente; ele não está em busca de discípulos, ele carrega em seu coração uma experiência a ser compartilhada, uma verdade a ser transmitida.

Além disso, o mestre não tem medo, ele é paciente, ele não se deixa entristecer. Essas também são qualidades do mestre interior.

Há em nós um lugar de calma, de não medo, de alegria serena... é ali a morada do mestre (e de Deus).

Há mestres exteriores que encarnam essa liberdade. Frequentemente, nós apenas obedecemos aos nossos medos, nós não agimos, nós reagimos. O medo é um mau mestre, ele nos conduz à nossa autodestruição através das angústias e dos impasses.

O mestre interior é paciente. Eu me lembro de Arnaud Desjardins na Índia, sentado aos pés do seu Mestre Swami Praampad; na sala entra um grande yogi, muito impressionante, é possível sentir que ele tem poderes especiais, poderes mágicos (*siddhis*). Nesse momento, Arnaud pergunta ao seu mestre: "E você, quais são teus poderes?" O mestre responde: "Uma grande paciência, uma infinita paciência".

É preciso ser paciente com os nossos pensamentos, nossas memórias, nossos medos, paciente com nossas impaciências.

O mestre em nós é uma infinita paciência.

Dizemos que o mestre jamais está triste mesmo quando ele chora, quando "o amor não é amado". Temos diversas razões para estarmos tristes; algumas razões são nobres, outras menos nobres, mas há em nós um espaço que não se deixa entristecer por aquilo que nos acontece, esse espaço está além de toda tristeza e de toda alegria. Nós poderíamos chamar esse lugar de "a verdadeira alegria", a alegria que pertence ao mundo do *noùs*, a fina ponta da alma.

O prazer é a participação do nosso corpo à beatitude.

A felicidade é a participação do nosso psiquismo à beatitude.

A alegria é a participação do nosso espírito (*noùs*) à beatitude.

Todo prazer é sagrado, é uma participação física à beatitude; toda felicidade é sagrada, é uma participação psíquica à beatitude; toda alegria é sagrada, é uma participação noética à beatitude.

O mais extraordinário na alegria é que podemos conhecê-la quando nosso psiquismo não sente mais nenhuma felicidade, quando nosso corpo não sente mais prazer após uma doença ou uma depressão. Existe em nós um espaço livre para com os sofrimentos e os infortúnios. O mestre nos lembra esta presença, Fonte de paz.

Na tradição tibetana, o ponto de partida é o Lama exterior, a pessoa que nos ensina e nos guia, que nos ama o suficiente para nos acompanhar, pouco importa nossos desvios e nossas incompreensões.

A função do mestre exterior é a de nos ajudar a descobrir o sentido profundo das Escrituras sagradas. Falaremos, então, de "Lama escriturário", o mestre que é as Escrituras.

Há escritos que são para nós como mestres. Quando estamos perdidos, quando nossa vida não tem mais sentido, são os escritos que nos iluminam e esclarecem, nos comunicam as palavras e as imagens que nos erguem e nos recolocam em nosso eixo.

A escuta e a meditação das Escrituras vão nos conduzir à experiência do "Lama símbolo" que também podemos chamar de "mestre das sincronicidades".

O ensinamento do mestre exterior desperta em nós uma qualidade de escuta: as Escrituras nos revelam certas dimensões das profundezas que nos habitam; entramos, então, em um *unus mundus*, o mundo das sincronicidades, onde os acontecimentos externos das nossas vidas são um eco daquilo que se passa nas profundezas da nossa alma. É preciso prestar atenção aos nossos desejos, saber que tudo o que desejamos real e profundamente é uma energia que atrai os acontecimentos.

Há também o mestre da vida, o mestre dos acontecimentos. Nós nos sentimos ligados não apenas a um homem ou a uma mulher externa, não apenas às Escrituras, mas também à sabedoria que opera no universo, que opera nos acontecimentos que chegam até nós. Quando estamos neste estado de consciência, tudo que nos acontece é um ensinamento do mestre.

O importante não é o mestre, mas o discípulo. Se tivermos orelhas que sabem escutar e a qualidade de coração de um verdadeiro discípulo, o mestre estará em todo lugar, em tudo o que nos acontece. Não haverá mais acasos. Em grego, a palavra *kairos* quer dizer ocasião de consciência, de crescimento, de paciência, ocasião para amar. Isso nos conduz a um mestre ainda mais íntimo que chamaremos o Lama fundamental ou mestre interior. É o nosso espírito, mesmo quando ele está purificado e silencioso, é a nossa natureza original. Em uma outra linguagem, diremos que é o nosso Eu Sou original.

Poderíamos interrogar outras tradições, nós encontraremos os mesmos caminhos pelos quais o mestre exterior, através dos ensinamentos, das Escrituras e dos acontecimentos, nos conduz à união com o mestre interior que é a nossa natureza original, a Fonte da vida, da consciência e do amor em nós. Estar o mais próximo possível desta Fonte é permanecer à escuta do mestre interior.

Nossa prática é importante, ela desenvolve em nós uma qualidade de atenção àquilo que está aqui, presente. Não nos detemos mais nos pensamentos, nas imagens, mesmo quando eles são belos e nobres; voltamos com paciência ao Ser que está aqui, presente, que sempre esteve presente e que estará sempre presente... "Aqui, o Ser está aqui, aqui ele está aqui..."[15]

Estamos sobre a terra, sob o céu, no Sopro – existe em nós um eixo que religa a terra ao céu...

A coluna vertebral é uma antena, atenta a todas as informações que sussurram no espaço.

Nós nos voltamos para a luz, nós nos abrimos para a luz... para a presença daquele que está aqui, presente – Sopro do nosso sopro, Vida da nossa vida.

---

15. Cf. LELOUP, J.-Y. *L'Évidence de l'invisible*. Arles: Actes Sud, 2018.

8
O anjo como mestre interior

No livro *Diálogos com o anjo* o tema da ponte é muito frequente: a necessidade de reencontrar este vínculo e de não opor o mundo espiritual ao mundo material.

Da mesma maneira que entre nós e o mundo mineral existem mundos intermediários – o mundo animal e o mundo vegetal –, há entre nós e o puro espírito todo um conjunto de mundos intermediários que qualificamos como angélicos.

Para alguns, há níveis de realidade que parecem muito familiares; já, para outros, parecem totalmente desconhecidos.

A função de toda tradição é a de prestar atenção a esses diferentes planos de consciência que não se opõem uns aos outros, mas que tampouco podem ser confundidos.

Por vezes afirmamos que um anjo nos fala; se o escutarmos com um pouco mais de atenção, poderemos descobrir que essa mensagem vem do nosso inconsciente pessoal ou transgeracional; daí a importância de distinguir esses diferentes níveis de realidade e não tomar pelo absoluto o que é apenas uma manifestação real, mas relativa, deste absoluto.

> Fazei atenção.
> Há em vós um espelho maravilhoso
> Ele revela tudo,
> É ele que é refletido,
> Mas apenas se houver silêncio.
> Se uma mosquinha vier pousar sobre ele

O espelho ficará perturbado
Conduzi toda vossa atenção
A este maravilhoso espelho.

Estamos aqui para concentrar toda nossa atenção na direção deste maravilhoso espelho. As mosquinhas deste maravilhoso espelho são nossos pensamentos, nossas memórias e nossos julgamentos que não conseguem destruir este espelho.

Gregório de Nissa dizia que o espelho da alma é um espelho livre: se o virarmos para o caos, ele vai refletir o caos; se o virarmos para a luz, ele vai refletir a luz. O ser humano é um espelho livre, nós podemos virar nossa atenção para este espaço de luz, para esta presença silenciosa... Essa presença é um sorriso no interior de nós mesmos, esse sorriso nasce por vezes no coração da meditação. O anjo nos diz que o sorriso é a oração de cada pequena célula que nos vem à boca:

O sorriso eleva acima de tudo
O sorriso interior é a condição primeira.

Dirigimo-nos para este sorriso interior. Pouco importam nossos problemas ou nossas fadigas, há em nós uma presença que sorri, uma presença silenciosa; e é nesta presença que é bom permanecermos e habitarmos, estarmos atentos, sorrirmos àquilo que é, acolher o sopro, acolher o movimento da vida que se dá em nós e através de nós.

Virar o espelho do nosso coração e do nosso espírito na direção da luz e deixar essa luz nos lavar e nos preencher... Ela vai nos curar, nos acalmar e apaziguar.

Os antigos terapeutas de Alexandria pediam a seu mestre interior que lhes enviasse sonhos salutares, sonhos que iluminassem ou curassem. Há o ensinamento que vem do dia, mas há também o ensinamento que vem da noite.

Estar em seu eixo; sobre a terra, sob o céu, no Sopro, estar em nosso lugar. Quando nos encontramos neste estado, nós oramos como Moisés e os Padres do Deserto, nós intercedemos por todas as nações: "que a luz desça sobre tudo aquilo que vive e respira".

Acolher a luz no nível da cabeça, deixar que ela desça, acolhê-la como amor e compaixão no coração, como sopro tranquilo no ventre... Deixar ser o que é, deixar ser Aquele que É, aquele que é Luz, Amor e Vida...

9
Anjos nos textos bíblicos

Abraão e os três anjos

Há apenas um mestre: a grande vida que através das nossas alegrias, nossos encontros e também das nossas provações, nos guia e nos conduz ao Eu Sou que é, à realidade que é.

Essa grande vida, para nos conduzir, pode encarnar-se e manifestar-se em mestres exteriores encarnados, mas ela pode fazê-lo também através dos mestres invisíveis. Dentre esses mestres invisíveis há aqueles que chamamos de anjos.

Anjo em hebraico é *malach*, em grego *angellos*, ou seja, "enviado" ou "aquele que tem um trabalho, uma tarefa a realizar". Em hebraico, trabalho se diz *malacha*, que é o feminino da palavra *malach*.

O anjo é aquele que nos confia uma tarefa.

Quando fazemos a soma de todas as letras da palavra *malach* e a colocamos em correspondência com os números, obtemos como soma o número 91.

A palavra "amém" corresponde igualmente ao número 9; amém está na origem da palavra "fé", ser crente é dizer "sim", aderir àquilo que é.

O anjo é, desta maneira, aquele que nos ajuda a fazer apenas um com aquilo que é e com Aquele que É. Ele é o instrumento da nossa adesão ou aderência ao Eu Sou.

O anjo está sempre presente na biblioteca hebraica (a Bíblia).

É bom nos lembrarmos que se trata, de fato, de uma biblioteca com gêneros literários diversos: poemas de amor, profecias e também histórias e mitos. No entanto, qualquer que seja o gênero literário, a presença do anjo está sempre aqui.

O anjo é realmente o enviado de Deus, a manifestação d'Aquele que É no coração de nossas vidas. Na Bíblia, ele se manifesta de diferentes maneiras:

> Depois apareceu-lhe o Senhor nos carvalhais de Mambré, estando ele assentado à porta da tenda, no calor do dia.
> E levantou os seus olhos, e olhou, e eis três homens em pé junto a ele. E vendo-os, correu da porta da tenda ao seu encontro e inclinou-se à terra.
> E disse: "Meu Senhor, se agora tenho achado graça aos teus olhos, rogo-te que não passes de teu servo. Que se traga já um pouco de água, e lavai os vossos pés, e recostai-vos debaixo desta árvore. E trarei um bocado de pão, para que esforceis o vosso coração; depois passareis adiante, porquanto por isso chegastes até vosso servo". E disseram: "Assim faze como disseste" (Gn 18,1-5).

No texto hebraico passamos curiosamente do singular ao plural[16]. Não sabemos se Abraão fala com uma ou mais pessoas. Os antigos aí verão um sinal ou um símbolo do um e do múltiplo, presentes na "Uni-Trindade".

O texto nos revela que se trata de três anjos, e nesses três anjos Abraão reconhece o Um, o Único.

No Ícone da Trindade de Rublev, a hospitalidade de Abraão é representada como sinal ou revelação daquilo que mais tarde chamaremos de Uni-Trindade. Quando a tradição cristã fala da Trindade, ela nos diz que Deus é relação,

---

16. O texto bíblico passa do plural ao singular. Há três enviados, mas Abraão dirige-se a um, Senhor. É preciso observar igualmente a passagem do tu no singular ao vós no plural.

interdependência entre todas as coisas. Para Abraão, a presença do anjo é aquilo que o desperta à presença do um no múltiplo.

A palavra "sabedoria" vem do verbo latino *sapere* que quer dizer "saborear"; o sábio é aquele que tem o sabor do Real único na multiplicidade das suas manifestações. O anjo é aquele que nos desperta ao sabor do Um, aquele que nos faz entrar na inter-relação que une todas as coisas.

O texto continua:

> E disseram-lhe: "Onde está Sara, tua mulher? "E ele disse: "Ei-la na tenda". E disse: "Certamente tornarei a ti por este tempo da vida; e eis que Sara, tua mulher, terá um filho". E Sara escutava à porta da tenda, que estava atrás dele. E eram Abraão e Sara já velhos, e adiantados em idade; já a Sara havia cessado o costume das mulheres. Assim, pois, riu-se Sara consigo, dizendo: *"Depois de haver envelhecido, sendo também o meu senhor já velho, como conhecerei eu o prazer?"* E disse o Senhor a Abraão: "Por que se riu Sara, dizendo: 'Na verdade darei eu à luz ainda, havendo já envelhecido?' Haveria coisa alguma difícil ao Senhor? Ao tempo determinado tornarei a ti por este tempo da vida, e Sara terá um filho" (Gn 18,9-14).

São palavras dignas de um anjo, "jamais é tarde demais para conhecer o prazer e a fecundidade"! Frequentemente fazemos essa reflexão: é tarde demais, eu estou gasto, acabado, velho e fatigado. A presença do anjo nos lembra que sempre podemos engendrar, dar à luz. Talvez nem sempre dar à luz uma criança, mas dar à luz um momento de alegria, de pura presença, pois nunca é tarde demais para sentir o prazer de viver, a graça de existir e de fazer existir.

O anjo nos desperta a uma visão do um, à interdependência de todas as coisas, e nos lembra que nunca é tarde demais. Até o nosso último instante podemos colocar o amor, a consciência no mundo...

Um pouco mais longe o texto nos revela:

> E levantaram-se aqueles homens dali, e olharam para o lado de Sodoma; e Abraão ia com eles, acompanhando-os. E disse o Senhor: "Ocultarei eu a Abraão o que faço. Visto que Abraão certamente virá a ser uma grande e poderosa nação, e nele serão benditas todas as nações da terra? Porque eu o tenho conhecido, e sei que ele há de ordenar a seus filhos e à sua casa depois dele para que guardem o caminho do Senhor, para agir com justiça e juízo; para que o Senhor faça vir sobre Abraão o que acerca dele tem falado". Disse mais o Senhor: "Porquanto o clamor de Sodoma e Gomorra tem se multiplicado, e porquanto o seu pecado tem se agravado muito. Descerei agora e verei se com efeito têm praticado segundo o seu clamor, que é vindo até mim; e se não, sabê-lo-ei". Então viraram aqueles homens os rostos dali e foram-se para Sodoma; mas Abraão ficou ainda em pé diante da face do Senhor. E chegou-se Abraão, dizendo: "Destruirás também o justo com o ímpio? Se porventura houver cinquenta justos na cidade, destruirás também e não pouparás o lugar por causa dos cinquenta justos que estão dentro dela? Longe de ti que faças tal coisa, que mates o justo com o ímpio; que o justo seja como o ímpio, longe de ti. Não faria justiça o Juiz de toda a terra? Então disse o Senhor: "Se eu em Sodoma achar cinquenta justos dentro da cidade, pouparei a todo o lugar por amor deles". E respondeu Abraão dizendo: "Eis que agora me atrevi a falar ao Senhor, ainda que sou pó e cinza. Se porventura de cinquenta justos faltarem cinco, destruirás por aqueles cinco toda a cidade?" E disse: "Não a destruirei, se eu achar ali quarenta e cinco". E continuou ainda a falar-lhe, e disse: "Se porventura se acharem ali quarenta?" E disse: "Não o farei por amor dos quarenta". Disse mais: "Ora, não se ire o Senhor, se eu ainda falar: 'Se porventura se acharem ali trinta?' E disse: "Não

o farei se achar ali trinta". E disse: "Eis que agora me atrevi a falar ao Senhor: 'Se porventura se acharem ali vinte? E disse: "Não a destruirei por amor dos vinte". Disse mais: "Ora, não se ire o Senhor, que ainda só mais esta vez falo: 'Se porventura se acharem ali dez?' E disse: "Não a destruirei por amor dos dez". E retirou-se o Senhor, quando acabou de falar a Abraão, e Abraão tornou-se ao seu lugar (Gn 18,16-33).

O anjo revela a Abraão o encadeamento das causas e efeitos. A violência vivida em Sodoma vai provocar sua própria ruína. É o que chamamos de justiça imanente: colhemos aquilo que semeamos.

Abraão tem o pressentimento do que vai acontecer. Ele poderia ficar satisfeito, ele poderia dizer: "Essa cidade vai sofrer as consequências dos seus atos", é apenas a justiça sendo feita, mas o anjo o conduz à compaixão, à misericórdia, que é o segredo de Deus.

Abraão intercede por Sodoma: "Se porventura houver cinquenta justos na cidade, destruirás também e não pouparás o lugar por causa dos cinquenta justos que estão dentro dela?" Pouco a pouco, como um mercador de tapetes oriental, Abraão baixa os preços: "Eis que agora me atrevi a falar ao Senhor: Se porventura se acharem ali vinte?" Ele sempre recebe a mesma resposta: "Não a destruirei por amor aos vinte".

É um tema que encontramos em todas as tradições da humanidade: o mundo subsiste graças à oração dos justos, ou seja, aqueles que fazem o elo entre o Criador e a criatura, entre o mundo incriado e o mundo criado. Se este vínculo for cortado, o mundo manifestado não estará mais ligado à Fonte da sua existência, ele se despedaçará...

Abraão continua: "Ora, não se ire o Senhor, que ainda só mais esta vez falo: Se porventura se acharem ali dez? E disse: Não a destruirei por amor dos dez".

Em seguida, chega um momento onde Abraão cala-se e a voz lhe diz: "Deixa a cidade" e Abraão segue seu caminho...

Esses escritos contêm ensinamentos importantes. Não é bom alegrar-se com as consequências dos atos negativos que subjugam os ímpios, mesmo que isso seja justo. É preciso despertar em nós a compaixão, a intercessão por todos, quaisquer que sejam seus atos. Seria isso "amar seus inimigos"?

Mas ao mesmo tempo é preciso escutar essa voz que nos diz: "Sai daí, não fica aqui".

Há situações em nossas vidas nas quais de nada serve ficar. O anjo nos convida a sairmos de nossos impasses.

Seria interessante nos lembrarmos das ocasiões em nossas vidas em que o anjo nos convidou a sairmos de uma relação ou de uma situação em particular na qual estávamos fechados e em que fechávamos o outro.

A palavra "doença" (*mahala* em hebraico) quer dizer "dar voltas", é a energia que gira em círculos. Trata-se de sairmos dessas situações nas quais nos fechamos e nas quais fechamos os outros.

Tobias, o anjo e o cachorro

Ele lhe disse: "De onde és, meu amigo?" O anjo responde: "Sou um dos teus irmãos israelitas e vim buscar trabalho por aqui" [mas ele não sabia que era um anjo de Deus] (Tb 5,5-6).

Tobias partiu com o anjo; e o cachorro seguia atrás (Tb 6,1).

O Livro de Tobias nos diz que ele seguiu seu caminho acompanhado por um anjo e um cachorro; isso nos lembra que no caminho da nossa existência nós precisamos de um anjo e de um cão, ou seja, nós precisamos fazer o elo entre a terra, a animalidade e o espírito; respeitar nossos instintos, mas sem esquecer das nossas intuições, nossas aspirações ao infinito.

Por vezes sentimos em nós uma espécie de comichão das asas, como se nossa dimensão alada tivesse necessidade de abrir-se. Nem sempre precisamos ser ajudados, mas sempre precisamos ser "alados", e essa é uma das funções do mestre interior: reestabelecer em nós o elo com a própria Fonte da vida, da inteligência, do amor e da paz...

Esse anjo chama-se Rafael, que quer dizer "Deus cura". É importante ter um anjo em nossa vida, pois o anjo pode nos curar. Cada anjo é uma qualidade divina, uma aspiração divina, uma função divina, um funcionário do Ser, uma manifestação do Ser. O papel de Rafael é o de curar, ele é o anjo dos terapeutas.

Esse anjo começa a curar pelo seu acompanhamento, ele acompanha Tobias em seu caminho. É preciso caminhar ao lado do seu anjo sem esquecer do seu cão. É uma imagem magnífica, pois o homem é aquele que está entre o anjo e o cão. O ser humano é aquele que integra os dois.

O texto continua; há provações no caminho de Tobias.

> Tobias foi até o rio lavar os pés quando um grande peixe saltou da água e quase engole seu pé. O rapaz gritou e o anjo lhe disse: "Pega o peixe e não o deixa escapar!" O rapaz pegou o peixe e o carregou até a margem (Tb 6,1-3.

No Livro de Jonas o peixe é um monstro, a sombra, aquilo que nos devora, o que nos pega pelos pés, pela base. O peixe é aquele que vem nos desequilibrar; no entanto, a voz do anjo nos diz: "Não foge", ou seja, olha a sombra de frente. É preciso encarar aquilo que nos faz mal, que nos morde, que nos devora, que nos corrói. Às vezes essa ferida é mortal; nossa tentação, nossa tendência é fugir, mas se evitarmos o mal, essa sombra reprimida vai nos alcançar e correremos o risco de sermos devorados.

O anjo lhe diz: "Pega o peixe e não o deixa fugir!"

É a única maneira de nos livrarmos da sombra e, sobretudo, a única maneira de não projetá-la sobre alguém. Rafael é um bom médico, um bom psicólogo. Temos talento para acusar o outro daquilo que nos acontece de negativo.

O anjo não nos exime de sermos nós mesmos, ele nos ajuda a nos tornar plenamente humanos, plenamente sujeitos daquilo que nos acontece. Não se trata de negarmos nossa sombra, mas de abri-la e de olharmos o que mora no interior.

O que nos dá medo?

O que nos aterroriza?

O que nos faz mal e nos tortura?

Observar o que está dentro, tirar o coração, o fel e o fígado:

> O anjo então disse-lhe: "Abre o peixe e tira-lhe o coração, o fel e o fígado. Guarda-os contigo e joga fora as entranhas. O coração, o fel e o fígado do peixe servirão para remédios muito eficazes". Ele assim o fez (Tb 6,4s.).

O fel e o fígado simbolizam a tristeza que por vezes está em nós. É com essa tristeza que nos corrói que podemos nos transformar, nos curar, pois ela pode ser transformada. Não fuja da tua matéria que precisa ser transformada, não fuja do carbono, pois é com este carbono que é feito o diamante – é preciso apenas introduzir luz no carbono. Não fuja das provações, não fuja do teu corpo, não fuja da tua matéria, pois é através dela que tu vais te tornar luz.

É explorando o fel, explorando tudo aquilo que em nós está triste, é violento, mau ou ruim, que chegaremos ao remédio, um remédio contra a inflação, a pretensão. Aquele que conhece a si mesmo não se precipita acusando o outro daquilo que ele vê em si mesmo.

O caminho continua e eles encontram Sara. Tobias já ouviu falar de Sara e do seu duro destino: cada vez que um pretendente se aproxima, no momento de entrar na câmara nupcial, ele morre.

Tobias responde a Rafael: "Ouvi dizer que ela já teve sete maridos e que todos morreram ao entrarem na câmara nupcial. Dizem até mesmo que foi um demônio que os matou" (Tb 6,14).

É preciso falar dos nossos medos com o nosso anjo, com este espírito que habita em nossas profundezas. É um diálogo do eu com o Self, é um diálogo com o nosso mestre interior: o eu interroga a função transcendente, ele interroga em si aquilo que é mais sábio do que ele, aquele que o acompanha, que lhe permite olhar as coisas de frente para encontrar um remédio.

O texto fala também de um mau espírito: um demônio, pois entre os anjos existem apenas bons espíritos.

Do que se trata?

O que está acontecendo com Sara?

Alguns psicanalistas perceberão a importância dada ao pai de Sara que está sempre presente. É ele quem cava o túmulo dos pretendentes. Seria fácil dizer que Sara não pode ter um homem enquanto seu pai estiver ali. Às vezes, há mais do que duas pessoas no quarto de um casal: papai e mamãe também podem ali estar presentes e velhas histórias podem se repetir. O espaço que existe entre os dois está ocupado e a relação não é mais possível, alguma coisa a impede de ser simplesmente.

Como limpar nosso quarto de tudo que o habita, de tudo que o entulha, como limpar aquilo que impede a relação entre um homem e uma mulher?

A guerra começa entre o homem e a mulher. O lugar do nosso pai ou da nossa mãe não é no quarto do casal. O quarto do casal tampouco é o lugar deste espírito que representa o medo do outro justificado por mil e uma memórias. O que pode exorcizar este demônio, este obstáculo entre os dois?

Rafael lhe diz: "Esquecerás o conselho do teu pai? Ele no entanto te recomendou de tomar uma mulher da casa do teu pai. Então, ouve-me, irmão. Não dê atenção a este demônio e toma-a. Eu te garanto que, já nesta noite, ela te será dada como mulher. Apenas depois de teres entrado no quarto, pega o fígado e o coração do peixe, coloca-os um pouco sobre as brasas do incenso. O odor se espalhará, o demônio o respirará, ele fugirá e não haverá perigo cercando a jovem. Em seguida, no momento de vos unir, levantai-vos primeiro para todos os dois orarem. Pede ao Senhor do céu para dar-te sua graça e sua proteção. Não tenha medo, ela te foi destinada desde o início dos tempos" (Tb 6,16-18).

O que é este odor que afugenta os maus espíritos? Na tradição dos Padres da Igreja, esse odor é o odor da humildade, ou seja, o odor de alguém que mostra o seu fígado e as suas entranhas. Até aqui os pretendentes tinham medo de aproximarem-se da mulher em sua nudez e suas fraquezas, mas Tobias aproxima-se em estado de confissão.

Gabriel Marcel dizia que o casamento é um estado de confissão, ou seja, o estado onde nós estamos diante de alguém tal qual somos em nossa nudez e nossa vulnerabilidade. (Mas não devemos nos mostrar nus diante de qualquer um. Quando nos colocamos nus diante de alguém que pode querer tirar vantagem para afirmar seu poder, isso pode acabar mal).

No entanto, às vezes o que impede a relação entre dois seres é esse medo de nos mostrarmos tal qual somos, de não mostrar nossa sombra, não ousamos dizer: "Eu não sou o homem ideal, eu não sou a mulher ideal, eu não sou todo o amor e o prazer que você deseja. Eu estou aqui com os meus medos".

Quando confessamos nossos medos, é como se ele já tivesse sido exorcizado. Tobias não tem medo de ter medo, e esse não medo exorciza o medo, exorciza o demônio que impede a relação (*diabolos*: aquele que separa).

Há diferentes níveis de compreensão deste texto. O que faz obstáculo[17] entre nós é o demônio da dúvida, da pretensão, do

---

17. "Obstáculo" em hebraico é traduzido como "*shatan*".

poder, da vaidade, do medo, o medo de que você não me ame como eu sou, o medo de que você me deixe.

Eu realmente quero que você me veja, mas apenas sob a luz mais favorável; eu quero que você veja apenas meu lado bom. No nível psicológico, nós queremos ser amados, mas apenas por aquilo que temos de bom. Nós escondemos nossos segredos de família e outros segredos; nossa história.

A cura é o trabalho que temos a realizar com o nosso fígado, nosso coração, nossas entranhas e todas as sombras que aparecem. Quando nos abrimos a alguém, nós não escondemos nossas feridas, não escondemos nossas sombras. Isso afugenta os demônios; é o anjo da verdade, o anjo da confiança.

É bom convidar esse anjo para vir até nossa cama. Rafael vai para lá carregando o incenso e a oração. "Orai juntos antes de vos unir", lembrai-vos de que entre vós há algo além de vós. Nós nem sempre convidamos os anjos aos nossos enlaces, ou seja, nós nem sempre convidamos o espaço e a luz entre nós para que o ar não nos falte... Frequentemente, é o terceiro que está faltando. No lugar de tudo aquilo que escondemos do outro, trata-se de convidar a luz, de convidar um espírito de paz, um espírito de confiança sabendo que nossa relação depende de mim, depende de ti, mas depende também daquilo que está entre nós. Daquilo que torna a relação possível. Caso contrário, nossa relação corre o risco de morrer, de ser abortada.

É justo e bom convidar a transcendência aos momentos mais carnais da nossa existência. Por que esconder esses lugares de nós mesmos, essas relações íntimas. Por que não fazer delas atos espirituais? Para ser um é preciso que sejamos três[18]. Por que não convidar o anjo entre nós?

---

18. O um, o outro, a relação entre o um e o outro, o amante, a amada, o amor. Você, eu e aquilo que está entre nós.

O espírito que santifica nossos corpos e expulsa todas as memórias ruins? Pela graça do anjo e da sua oração Tobias e Sara foram libertados do medo e da vergonha, eles puderam celebrar sua aliança na alegria.

Jacó e o anjo

Partiu, pois, Jacó de Bersabeia e foi a Harã; e chegou a um lugar onde passou a noite, pois o sol já havia se posto; e tomou uma das pedras daquele lugar e a pôs por seu travesseiro e deitou-se naquele lugar. E sonhou: e eis uma escada posta na terra, cujo topo tocava nos céus; e eis que os anjos de Deus subiam e desciam por ela. E eis que o Senhor estava em cima dela e disse: "Eu sou o Senhor Deus de Abraão teu pai e o Deus de Isaac; esta terra, em que estás deitado, darei a ti e à tua descendência. E a tua descendência será como o pó da terra e estender-se-á ao Ocidente e ao Oriente, e ao Norte e ao Sul e em ti e na tua descendência serão benditas todas as famílias da terra. E eis que estou contigo e te guardarei por onde quer que fores, e te farei tornar a esta terra; porque não te deixarei até que haja cumprido o que tenho te falado". Acordando, pois, Jacó do seu sono, disse: "Na verdade, o Senhor está neste lugar; e eu não o sabia". E temeu, e disse: "Quão terrível é este lugar! Este não é outro lugar senão a casa de Deus, e esta é a porta dos céus" (Gn 28,10-17).

Os anjos sobem e descem, eles ensinam Jacó a manter unidos os dois extremos da escada.

A tarefa do ser humano é a de manter unidos a matéria e o espírito, o céu e a terra... Os anjos não são apenas aqueles que nos elevam aos céus, mas aqueles que descem à terra. Há este movimento de elevação, mas há também o movimento de descida, de acolhimento.

O ser humano é este movimento. Por meio da nossa meditação e da nossa prática nós nos elevamos em direção à luz, mas ao mesmo tempo tomamos consciência de que a luz desce até nós.

Este é o selo de Salomão que mantém unidos *Eros*, o desejo pelo Absoluto através das formas relativas, e *Ágape*, o amor divino que desce e se dá a nós. Este simbolismo está presente na imagem da "escada de Jacó".

A tarefa, o trabalho que o anjo nos confia, como a Abraão, é o de ver o um no múltiplo; não perder a coragem, pouco importa a idade que temos e a situação na qual nos encontramos; trata-se de ver nela uma ocasião de consciência, de prazer e de amor.

Nossa tarefa também é a de fazer o elo entre o céu e a terra. Isso não acontece sem que haja um combate. O texto continua com a descrição do combate entre Jacó e o anjo:

> Jacó, porém, ficou só, e lutou com ele um homem até o alvorecer do dia. E vendo este que não prevalecia contra ele, tocou a juntura de sua coxa e se deslocou a juntura da coxa de Jacó, lutando com ele. E disse: "Deixa-me ir, porque o dia já alvoreceu". Porém ele disse: "Não te deixarei ir, se não me abençoares". E disse-lhe: "Qual é o teu nome?" E ele disse: "Jacó". Então disse: "Não te chamarás mais Jacó, mas Israel; pois como príncipe lutaste com Deus e com os homens e prevaleceste". E Jacó lhe perguntou e disse: "Dá-me, peço-te, a saber o teu nome". E disse: "Por que perguntas pelo meu nome?" E abençoou-o ali. E chamou Jacó o nome daquele lugar Fanuel, porque dizia: "Tenho visto a Deus face a face e a minha alma foi salva". E saiu-lhe o sol, quando passou por Fanuel e manquejava da sua coxa (Gn 32,24-32).

O quadril no corpo humano é o lugar onde a parte superior e a parte inferior se articulam.

Se entrarmos neste combate[19] com o anjo, talvez venhamos a mancar. Nós temos um pé no mundo visível e um pé no mundo invisível, o que nem sempre é confortável; por vezes nosso equilíbrio está em perigo.

Nos hospitais psiquiátricos encontram-se por vezes pessoas que foram tocadas por uma experiência espiritual; elas foram feridas pelo anjo, elas mancam e nem sempre lhes é dada a ajuda necessária para que voltem a caminhar – elas permanecem prisioneiras de suas feridas ou de sua saudade da luz.

Se observarmos de longe uma pessoa que manca, não saberemos muito bem se essa pessoa está mancando ou dançando.

Em nossas vidas, é melhor avançar mancando ou dançando, mas indo na direção correta, do que avançar de um passo célere rumo a um impasse. É o anjo que nos ajuda a integrar esses dois mundos, o mundo incriado e o mundo criado, sem ter medo de sentir-se despedaçado.

As pessoas contemplativas têm por vezes dificuldade em viver neste mundo, no barulho, participando de conversas superficiais. Nosso anjo nos convida, então, à paciência, a não julgar, a esclarecer nosso coração de maneira que ele possa conter os contrários. Essa união dos contrários, que por vezes nos faz mancar, que por vezes nos faz dançar.

É um sinal de maturidade quando os contrários nos aparecem como complementares; o que parecia ser contraditório e em oposição aparece em uma unidade e uma coerência mais vastas e amplas.

Quando alguém tem um ponto de vista diferente do nosso, não nos sentimos mais ameaçados, esse ponto de vista contrário complementa e enriquece o nosso. Isso quer dizer também que somos capazes de escuta, de atenção e de respeito pelo outro em sua alteridade.

---

19. *Agonia* em grego.

Elias e o anjo

> Elias, porém, foi ao deserto, onde, após um dia de caminhada, foi sentar-se debaixo de um zimbro e pediu para si a morte, dizendo: "Já basta, ó Senhor; toma agora a minha vida, pois não sou melhor do que meus pais".
> E deitou-se e dormiu debaixo do zimbro; e eis que então um anjo o tocou e lhe disse: "Levanta-te e come". Ele olhou, e eis que à sua cabeceira estava um pão cozido sobre as brasas e uma botija de água; e comeu, e bebeu e tornou a deitar-se. E o anjo do Senhor tornou a segunda vez e o tocou, dizendo: "Levanta-te e come, porque te será muito longo o caminho". Levantou-se, pois, e comeu e bebeu; e com a força daquela comida caminhou quarenta dias e quarenta noites até o Horeb, o monte de Deus (1Rs 19,4-8).

Há momentos em nossas vidas onde temos vontade de nos deitar, estamos cansados. As razões dadas por Elias são válidas para nós também: nós não somos melhores do que nossos pais. É desesperador! Repetimos os mesmos erros.

Para Elias, há ainda uma outra razão: tudo que ele diz e profetiza não foi ouvido, ele foi rejeitado. De que serve falar se ninguém nos compreende?

Ele tem vontade de se deitar, e é neste momento que o anjo vem ao seu encontro. O anjo vem frequentemente ao nosso encontro quando estamos desesperados, quando não encontramos ajuda, quando nossos mestres exteriores nos faltam ou não nos bastam; quando as explicações do médico, do psicanalista ou dos padres não nos são suficientes. O mundo exterior não nos dá respostas às nossas questões mais profundas e nós esperamos que uma resposta venha de um outro mundo, de uma outra dimensão – é ali que o anjo pode se manifestar.

O anjo diz a Elias: "Levanta-te e come". Ele não lhe dá conselhos espirituais. Ele lhe dá o que comer. Quando não estamos bem, não podemos escutar conselhos apenas espirituais, nós precisamos de um gesto de amizade ou de partilha. É preciso nos lembrar a presença de todos esses anjos em nossas vidas que nos ajudaram, presença de amigos ou de desconhecidos que vieram ao nosso encontro.

Levanta-te, ou seja, volta-te para o alto, levanta-te para a luz, levanta-te, mantém-te ereto – é um ato físico. Nossa vida é pesada e curvada. Trata-se de colocá-la de pé e ereta.

Não podemos mentir e manter a coluna vertebral ereta. Sempre nos curvamos para um lado ou para o outro. Manter nossa coluna vertebral ereta é permanecer na retidão, em todos os sentidos do termo.

Levantar-se e comer. Nós precisamos de alimento; pode ser um alimento material, mas também um alimento intelectual. O anjo pode nos dizer: "Lê esse livro". Ele vai nos ajudar a nos encontrarmos, a nos erguermos e a continuarmos nosso caminho. Pode ser um alimento espiritual, uma oração, uma meditação que nos coloca em contato com o nosso Self. Recuperamos assim nosso eixo, nós nos erguemos e nos recolocamos a caminho, mas não de uma hora para outra...

Elias viu o pão cozido e a botija com água, ele comeu e bebeu, mas ele se deita novamente. O grande Profeta Elias está tão cansado e desesperado que tem que continuar dormindo! A presença do anjo não é o suficiente, mas ele é paciente. O anjo de YHWH volta uma segunda vez, ele o toca e diz: "Levanta-te e come, pois tens um longo caminho a percorrer".

Há em nós uma presença que não nos abandona. Pouco importam nossas fatigas e nosso desespero, essa presença tenta nos tocar.

Como ela pode nos tocar? De maneira sutil, como o tocar de um abismo. É quando tocamos o fundo que nos reerguemos. Aqueles que experimentam a depressão sabem que é preciso por vezes ir até o âmago dessa depressão. Em nossos meios hospitalares, não nos permitem ir até o âmago. Dão-nos medicamentos que aliviam os sintomas, mas as quedas e as novas quedas tornam-se cada vez mais graves.

Como acompanhar alguém que passa por uma depressão sem privá-lo de sua depressão? Pois é através dela que ele pode aprender algo sobre si mesmo, descobrir o que ele realmente é.

É justo invocar o anjo que acompanha aquele que sofre; sua paciência, como a do Profeta Elias, que o ajudará a levantar-se. E se ele voltar a se deitar, ele lhe dará de comer novamente. Deus é paciente conosco, assim como seu anjo. O profeta poderá então continuar seu caminho até o Monte Horeb, onde ele encontrará Eu Sou. Todas as forças, todos os ensinamentos que nos são dados não têm outro objetivo além de nos conduzir ao conhecimento de Eu Sou.

YHWH lhe disse: "Sai para fora e põe-te neste monte perante o Senhor. E eis que passava o Eterno". E diante do Eterno, como também um grande e forte vento que fendia os montes e quebrava as penhas diante do Eterno; porém, o Eterno não estava no vento. Depois do vento, um terremoto; também o Eterno não estava no terremoto. E depois do terremoto, um fogo. E após o fogo, um murmúrio manso e delicado, o silêncio de um sopro sutil (1Rs 19,11-12).

O Profeta Elias quis conhecer Deus, e ele é testemunha de um certo número de manifestações até chegar à leve brisa, esse silêncio e este sopro sutil. Lá onde está Eu Sou.

Em nossas vidas, nós também conhecemos tempestades, terremotos, situações onde todo nosso corpo é abalado, toda nossa inteligência é sacudida. A energia e a força de Deus revelam-se, mas ainda não é a presença pura, a essência de Deus.

O texto nos diz que a presença de Deus encontra-se no silêncio de um sopro sutil, Eu Sou respira em nós suavemente, delicadamente. Nada de extraordinário.

Nós estamos, por vezes, em busca do extraordinário, do fantástico; nós tomamos o fantástico e o extraordinário por Deus. O Profeta Elias nos indica que a presença d'Aquele que É se encontra no segredo do nosso sopro, esse sopro que nos liga à própria Fonte de toda vida, consciência, liberdade e amor.

Jó e o anjo negro

O anjo está igualmente presente em um outro livro da biblioteca hebraica[20]: o Livro de Jó, mas trata-se de um anjo negro.

Os anjos maus existem? O *shatan* existe? Qual é a sua função?

> E num dia em que os filhos de Deus vieram apresentar-se perante Yahvé, veio também satanás entre eles (Jó 1,6).

No Livro de Jó, satanás é um "filho de Deus". Satanás – *shatan* em hebraico – quer dizer "obstáculo".

Por que o mal existe em nossas vidas? Qual é a função do mau espírito? Há anjos de luz, mas há também anjos das trevas. O texto de Jó nos lembra que esses anjos das trevas também são enviados de Deus. A Bíblia é um texto não dualista; não há de um lado o Deus da luz que criou a luz e as trevas, o bem e o mal. Nós lemos o Profeta Isaías dizer: "YHWH, Aquele que É e que faz ser tudo o que é. Ele disse: "Eu fiz a luz e eu criei as trevas, eu fiz a felicidade e eu criei o infortúnio, eu fiz o bem e eu criei o mal, Eu Sou, YHWH, que faz todas as coisas".

Isso pode nos surpreender, mas a vida nos dá alegrias e tristezas. É a mesma vida que cria em nós o prazer e o sofrimento.

Qual é a função do mal? O texto de Jó nos lembra que a função do mal, do infortúnio e do sofrimento é a de nos colocar à prova, nos testar. É por isso que chamamos *shatan* de o tentador.

---

20. A Bíblia [N.T.].

Diabo – em grego *diabolos* – quer dizer aquele que divide, que separa. É uma força de destruição. Outros nomes ainda serão dados a esta força que nos divide:

O acusador, segundo o Apocalipse, é aquele que em nós acusa os outros e que acusa Deus; é aquele que nos culpa e culpa o outro. Neste livro, o sinal de que estamos livres do acusador, libertos do mau espírito, é quando paramos de acusar os outros, de acusar a nós mesmos, e essa é uma grande libertação...

A vida não para de nos testar; o que temos na cabeça? Nós nos achamos muito inteligentes; mas, diante de certas situações absurdas, de que isso serve? Nós nos achamos muito amorosos; mas, diante desta pessoa insuportável, o que sobra do nosso amor? Nós nos achamos cheios de vida, mas diante da doença, da morte, o que sobra da nossa vida?

O diabo, o *shatan*, coloca-nos à prova para ver o que temos no ventre, o que temos no coração, para ver se Eu Sou está ali! As provações da nossa existência são enviadas por Deus; seu objetivo não é a nossa destruição, mas o nosso despertar, o despertar daquilo que está em nós e que é maior do que nós, mais inteligente do que nós, que ama mais e melhor, que é mais vivo do que nós, aquilo que é capaz de suplantar as provações e dificuldades.

Esses textos antigos nos ajudam a colocar um olhar positivo sobre o negativo. Se colocarmos um olhar negativo sobre o negativo, permaneceremos fechados, nos tornaremos vítimas da vida ao invés de sermos seus discípulos. Através das nossas provações, tal como Jó, vamos descobrir o real que nós somos, nosso verdadeiro eu sou.

Jó não perde apenas seus filhos, ele perde todas as suas posses, ele perde sua saúde e seus amigos. Sua mulher, que não compreende o que está acontecendo, o convida a se revoltar contra a vida, contra Deus e, em um determinado momento, Jó cai no desespero...

Ele não perde apenas o que lhe é caro, ele perde também seu "bom Deus". Ele vai descobrir que Deus não é bom, e isso é algo de terrível para ele. Deus não é justo, pois o que lhe acontece é injusto demais. O que eu fiz de ruim para que tudo isso me aconteça? Ele vai, como Jacó, lutar contra Deus até o momento em que ele deverá ceder e aceitar que não compreende, e é neste momento de aceitação que o sentido vem ao seu encontro através das provações, todos esses testes, todas essas tentações; através da perda das suas crenças em um bom Deus, ele é conduzido à realidade daquilo que assim é como é, ele é conduzido a um Deus mais divino... Esta é a função do anjo ou do mestre interior.

Às questões: "O mal existe?" "Os anjos maus existem?" "O demônio existe?", nós poderíamos responder: quando olhamos nossas vidas, quando olhamos a vida de Jó, vemos que o mal, o infortúnio e o sofrimento existem, que as provações existem, que a vida não para de nos colocar à prova, de nos testar, de nos cansar; mas através disso somos conduzidos à verdade, não à verdade de uma crença, mas à verdade de uma experiência, ao Real, que está em nós e que nós somos.

Jó dirá: "Eu só te conhecia por ouvir dizer, mas agora meus olhos te viram". Eu tinha ouvido discursos que me diziam que Tu eras bom. Agora meus olhos te viram, agora eu fiz a experiência da Realidade que É o que ela é, e através desta experiência eu descubro que tudo o que me aconteceu era para me conduzir a esta consciência, a esta presença que Eu Sou e que se revela não apenas nas experiências maravilhosas e agradáveis, mas também através das provações.

Em *Diálogos com o anjo*, em um dos momentos mais sombrios da guerra, quando todas as respostas bem-intencionadas começam a ruir, os quatro jovens amigos estão reunidos sem encontrar nenhuma explicação ao infortúnio que lhes acomete – é nesse momento que o anjo lhes fala. Ele não apenas os ajuda a descobrir em si mesmos uma força, uma alegria e uma paz que os tornará capazes de atravessar essa provação e de transformá-la, mas também de fazer dela uma ocasião de ser um com Eu Sou.

Moisés e a sarça ardente

> E apascentava Moisés o rebanho de Jetro, seu sogro, sacerdote em Madiã; e levou o rebanho através do deserto e chegou ao monte de Deus, o Horeb. E apareceu-lhe o anjo do Senhor em uma chama de fogo do meio de uma sarça; e olhou, e eis que a sarça ardia no fogo e a sarça não se consumia (Ex 3,1-2).

O anjo aqui identifica-se com o próprio Deus, não o Deus desconhecido, não manifestado, mas o Deus manifestado, não sua essência, mas sua energia, sua presença, seu nome, seu anjo – muitas palavras para designar o Real inacessível que se revela ao ser humano.

> Moisés disse: "Agora me virarei para lá e verei esta grande visão, porque a sarça não se queima". Vendo YHWH que se virava para ver, bradou Deus a ele do meio da sarça e disse: "Moisés, Moisés". Respondeu ele: "Eis-me aqui!" E disse: "Não te chegues para cá; tira as sandálias de teus pés, porque o lugar em que tu estás é terra santa". Disse mais: "Eu sou o Deus de teu pai, o Deus de Abraão, o Deus de Isaac e o Deus de Jacó". E Moisés encobriu o seu rosto porque temeu olhar para Deus (Ex 3,3-6).

O texto nos diz que esta sarça de humanidade, nosso corpo e seus pensamentos espinhosos, é o lugar onde a presença de Deus se manifesta, ela queima sem se consumir.

Na linguagem contemporânea, poderíamos dizer que o Self se manifesta no ego sem destruí-lo; é como se disséssemos que a presença de Deus no ser humano não destrói a humanidade, mas a ilumina a partir do interior. É um ensinamento importante: o divino não destrói o humano, mas ele o torna mais humano em sua transparência ao divino. A presença de

Deus não destrói o ego, mas o abre; a borboleta não destrói a lagarta, ela a realiza.

A presença do anjo nos lembra que o ego, o corpo, a forma na qual estamos não são ilusórias ou ruins.

É no coração desta sarça espinhosa que podemos acolher a luz, essa luz não destrói nossos limites, mas ela os abre à presença infinita. O infinito não é contra os limites, o infinito ilumina os limites.

É na nossa humanidade, finita e limitada, em nosso pequeno eu sou que o grande Eu Sou pode se revelar:

> "Vá agora! Eu te envio ao faraó para que tires o meu povo, os filhos de Israel, do Egito. Moisés diz a Deus: "Quem sou eu para ir ao encontro do faraó e tirar do Egito os filhos de Israel?" Deus responde: "Eu estarei contigo, e te farei um sinal pelo qual reconhecerás que sou eu quem te enviou: quando fizeres sair o povo do Egito, vós subireis a Deus neste monte".
> Então disse Moisés a Deus: "Eis que, quando eu for aos filhos de Israel e lhes disser: 'O Deus de vossas orações me enviou a vós', e eles me disserem: 'Qual é o seu nome?' Que lhes direi?" (Ex 3,10-13).

É no arbusto, na sarça ardente, que ele recebe a sua resposta, ou seja, no próprio coração da sua humanidade e dos seus limites:

> E disse Deus a Moisés: "EU SOU (*eyeh Asher eyeh*)!" Em seguida, Ele acrescentou: "Tu dirás aos israelitas: 'EU SOU enviou-me a vós'" (Ex 3,14).

E Deus disse ainda a Moisés:

> Assim dirás aos filhos de Israel: "YHWH, o Deus de vossos pais, o Deus de Abraão, o Deus de Isaac e o Deus de Jacó me enviou para ti". Este é meu nome eternamente e este é meu memorial de geração em geração (Ex 3,15).

O sentido do nome divino, do nome indizível, que pronunciamos no Sopro, é Eu Sou. Eu sou, eu serei, eu serei sempre "eu", com você.

"Eu Sou", "Eu Sou com você". O anjo nos lembra a presença do "Eu Sou eterno" em nós, "Ele era, Ele é, Ele virá" em nossa sarça de humanidade.

"Meu anjo caminhará diante de ti." Isso quer dizer que o anjo abre o caminho; quando estamos diante de um impasse, quando temos a impressão de não conseguir mais avançar, podemos nos lembrar do anjo, do vivente que caminha diante de nós; é ele quem nos abre o caminho, quando nos parece impossível dar um passo a mais.

O mestre interior está sempre conosco.

10
Além da Bíblia, o anjo como mestre interior

O mestre interior, assim como o anjo bíblico, nos diz que todos os nossos desvios e todos os nossos impasses fazem parte do caminho. Nossos erros podem nos conduzir à verdade, mas o erro não é a mentira, e o anjo insiste sobre este ponto: nossos erros fazem parte do caminho, mas a mentira nos desvia do caminho. Não podemos mentir a nós mesmos, é preciso ser verdadeiro consigo mesmo.

Jesus jamais disse: "Eu tenho a verdade", mas "Eu sou a verdade".

Quanto mais avançamos sobre este caminho, menos impomos nossas verdades aos outros.

Se Jesus tivesse dito: "Eu tenho a verdade", haveria, por um lado, aqueles que possuem a verdade e, por outro lado, aqueles que não a possuem. Podemos imaginar todas as guerras que nascem desse tipo de afirmação.

Não se trata de ter a verdade, mas de ser verdadeiro, de não mentir a si mesmo.

Entre duas pessoas que têm a verdade – a minha e a sua –, é a guerra! Entre duas pessoas que são verdadeiras, não há guerra, há uma escuta.

Essa atitude é importante no encontro entre as religiões. Se uma religião pretender ter a verdade, a única coisa que ela poderá provocar serão guerras e conflitos. Se uma religião nos ajuda a sermos verdadeiros, não haverá conflitos sangrentos, mas discussões enriquecedoras para ambos os lados.

Quando perguntei ao Dalai Lama: "Para o senhor, qual é a melhor religião?", eu pensei que ele iria me responder: "A melhor religião é o budismo", mas ele respondeu: "A melhor religião é aquela que nos torna melhores".

Essa é a resposta de um mestre e é uma resposta digna de um anjo! A melhor religião é aquela que faz de nós pessoas mais verdadeiras. Nós não temos a verdade; à medida que amadurecemos possuímos cada vez menos a verdade, mas podemos nos tornar cada vez mais verdadeiros, podemos nos aproximar daquilo que consideramos como sendo o Real. Uma verdade que é apenas um dogma, que não transforma o coração do ser humano, que não o torna mais verdadeiro, de nada serve!

As instruções e injunções que recebemos da nossa Igreja, da nossa comunidade, da nossa associação ou do nosso partido nos tornam mais inteligentes?

Intelligere quer dizer ler pelo lado de dentro dos acontecimentos. Ser inteligente não é repetir o que nos foi dito e apresentado como sendo verdadeiro, mas é manter em nós uma vigilância. O evangelho nos diz: "A verdade nos libertará".

A palavra "verdade" – em grego *alethéia* – quer literalmente dizer "sair da *léthé*, a letargia": estar desperto. Seria preciso, portanto, traduzir: "A vigilância nos tornará livres". Permanecer vigilantes em todas as circunstâncias é a própria fonte da liberdade, a condição para não mais ser objeto, mas sujeito das circunstâncias.

A vigilância observa o que é, sem porquês, sem julgamento.
> Eu jamais responderei à questão: Por quê?
> Não pronunciai nunca mais a palavra por quê?
> Realizai vossa tarefa
> Sem porquê.

Este "sem porquê", ao qual nos convida o anjo dos *Diálogos,* também é encontrado em Angelus Silesius, um místico da mesma linhagem de Mestre Eckhart. Ele tem essa bela expressão: "A rosa floresce porque floresce, ela floresce sem porquê".

A tarefa do homem é a de florescer sem porquê. A flor não se pergunta se o seu perfume vai ser respirado por alguém digno dele. Ela simplesmente dá seu perfume e, desta maneira, cumpre a sua tarefa, sua missão.

A missão do ser humano também é dar o seu perfume, amar sem porque, aprender a amar sem razão, sem justificativas. Nunca paramos de encontrar justificativas, mas o anjo nos convida a fazer as coisas porque gostamos de fazê-las. A justificativa é o dom que está em nós, a vida quer se dar em nós, dar-se cada vez mais, essa é a sua finalidade.

Quando perguntamos a alguém por que essa pessoa nos ama, se ela nos responder que é por esta ou aquela razão, "porque és belo", "porque és inteligente", esse amor é frágil... Essa pessoa vai continuar a nos amar se não formos mais belos nem inteligentes? Quando tivermos rugas e tivermos perdido a memória?

O verdadeiro amor nos faz dizer: "Eu te amo porque você é você, eu não sei porquê". Nesse momento, tocamos algo de gratuito, de gracioso em nós mesmos e no outro, não há mais porquê.

Viver sem porque é fazer a experiência da graça; as palavras "graça" e "gratuito" possuem a mesma etimologia.

Há pessoas que são muito belas, mas que não têm graça. Há pessoas que não são muito belas, mas que foram tocadas pela graça. A graça é a beleza que se dá, a rosa floresce sem porque, ela floresce porque floresce, ela se dá.

É importante saber ser feliz sem porquê: oferecer à humanidade um momento de felicidade sem razão.

O anjo fala frequentemente desta alegria, é o "ar do mundo novo", ou seja, o ar da gratuidade; mas a gratuidade não pertence a este mundo. No mundo, tudo se compra, tudo se vende. O que não podemos comprar? Talvez aquilo que temos de mais precioso, e o anjo, assim como o mestre interior, nos convida a descobrirmos em nós este tesouro que não podemos nem comprar nem vender. Essa presença sem porque, este dom da vida além de todas as explicações que podemos dar: Eu Sou.

Mestre Eckhart dirá que o mundo existe sem porque, que ele existe como uma manifestação gratuita da presença. Por vezes, podemos senti-lo dentro de nós, nos aproximamos do nome divino. "Eu sou porque eu sou"; eu não sei quem sou, mas eu sou... sem porque...

É um momento de graça, de gratuidade, onde o obstáculo se transforma. Não há desejo, simplesmente uma adesão àquilo que é. Através desta adesão àquilo que é, tudo pode ser transformado, até mesmo a morte.

Nos *Diálogos*, Gitta conta que o pai de José estava à beira da morte e ele pede ao anjo para lhe falar sobre a morte. O anjo responde:

> Tu fazes uma pergunta sobre algo que não existe,
> mas mesmo assim eu responderei.
> O que é visto aqui embaixo como sendo a morte,
> É visto lá do alto como sendo a vida.
> Tu também estás morto
> E tu vives eternamente.

Há algo em nós que vive e que morre. Desde o dia do nosso nascimento, nós começamos a morrer. O que o anjo pede a José é que ele descubra o vivente dentro de si, o que está além do nascimento e da morte. Frequentemente colocamos em oposição a vida e a morte, mas o anjo nos diz que a vida não possui um contrário. O contrário do nascimento é a morte. O contrário da morte é o nascimento, mas ambos estão ligados:

> Há células que morrem e outras que nascem,
> a morte não é ruim,
> mas a tarefa que não foi realizada.
> O fruto, quando está maduro, cai sozinho.
> O fruto que cai está maduro
> E ele é bom.

Tudo se transforma, mas existe em nós algo que está além do nascimento e da morte e nós devemos despertar a esta realidade. Há a vida que eu tenho, e que nem sempre eu terei, e há a vida que Eu Sou, eternamente.

Se falarmos da vida eterna será necessário precisarmos que ela não é a vida após a morte. Se ela é eterna, ela é antes, durante e após a morte.

Jesus dirá: "Aquele que crê em mim, Eu Sou, conhece a vida eterna". Aquele que adere ao Eu Sou que está nele já está na vida que não morre.

A vida eterna é a dimensão de eternidade que habita nossa vida mortal.

Será que podemos experimentar isso? Ali para onde iremos após a nossa morte, é ali para onde vamos ao final de cada uma das nossas expirações. O momento da nossa morte é o momento onde expiramos mais profundamente e onde não inspiramos mais nesta dimensão espaçotemporal.

Explorar este espaço no final da expiração. Este espaço é um momento de não mental, um momento de puro silêncio. É ali que devemos descobrir a presença de Eu Sou. O lugar para onde iremos no momento da nossa morte é um lugar onde já nos encontramos. Quando perguntaram a Ramana Maharshi: "Para onde ireis no momento de vossa morte?", ele respondeu: "Irei para lá onde eu sou, onde eu estou desde sempre".

Morrer é voltar a um país que jamais deixamos.

O anjo diz a José: "Teu pai irá para lá onde ele está desde sempre", no segredo do ser, o segredo da sua vida que chamamos de vida eterna.

Pouco importa quais sejam nossas crenças, todos nós faremos essa experiência no momento da nossa morte.

O que todas as grandes tradições chamam de iniciação é morrer antes de morrer; ou seja, despertar antes de morrer a esta dimensão de vida eterna. O evangelho de Felipe é explícito quando diz que Jesus já havia ressuscitado antes de morrer. Ele estava desperto para a sua vida eterna. Ele diz a

Martha e a Maria: "Aquele que crê em mim, Eu Sou, tem a vida eterna".

Não é apenas no final dos tempos, não é no momento da nossa morte que poderemos saborear a essência da vida; mas é a partir de hoje, no próprio coração da vida mortal.

Neste instante, podemos nos libertar do medo da morte. O que é a morte? É a morte do medo da morte, é a perda dos nossos limites, a abertura do nosso ser ao Ser infinito que já está presente.

O sinal de que descemos às profundezas do Ser é que não temos mais medo da morte.

É também um dos sinais da presença do anjo em nós: o medo da morte desaparece. Não temos mais medo de ter medo. Enquanto estivermos em nossos limites, na forma, teremos sempre medo de perdê-las. Isso faz parte do nosso ego, do nosso pequeno eu que desperta a uma luz maior.

Há ainda outras palavras do anjo que puderam ajudar Gitta, Hannah, José e Lili a olhar a morte de frente; esses ensinamentos são os ensinamentos de seu mestre interior.

A pureza quer dizer que tudo está em seu lugar, nada é impuro em si, mas por vezes as coisas não estão no lugar que lhes é próprio.

O importante é encontrarmos nosso lugar no mundo, em nossa família. Nem sempre isso é fácil. Qual é o meu lugar? É a mesma coisa que perguntar: Qual é a minha tarefa?

Todos nós somos filhos únicos. Cada um de nós é uma maneira única de encarnar o amor. Alguns amam com as mãos, outros com o coração – não devemos comparar uns aos outros. O que eu posso fazer que mais ninguém pode fazer no meu lugar? Qual é a minha maneira singular de amar? Qual é a minha maneira de ser inteligente? Cada um é inteligente, mas trata-se de encarnar uma maneira de ser que nos é própria; neste momento nós estaremos no nosso lugar, nós poderemos cumprir nossa tarefa.

Nosso lugar é sobre a terra, sob o céu, no Sopro. Trata-se de termos consciência do nosso eixo; se fizermos alguma coisa estando bem-enraizados na matéria e ao mesmo tempo abertos à luz, se o nosso sopro se ajusta aos atos que realizamos, nós sentiremos que estamos em nosso lugar.

O anjo nos diz que tudo o que fazemos desta maneira é puro.

Por vezes, nos perguntamos: Qual é a atitude justa nesta ou naquela situação?

Não há atitudes justas, há apenas atitudes que se ajustam. O que em um determinado momento é justo, deixa de sê-lo em um outro momento.

Por exemplo, quando acompanhamos pessoas em fase terminal, uma palavra que foi justa com um, pode não ser com uma outra pessoa. Da mesma maneira, com nossos filhos: a atitude que foi justa para um pode não ser para com o outro.

Estar em seu lugar é estar no presente. Este também é um ensinamento importante do anjo: viver no presente. Na maior parte do tempo nós estamos em nossos arrependimentos ou em nossos projetos. Trata-se de estarmos no segredo do presente, e isso é uma grande prática.

Quando atravessamos uma dificuldade, temos justamente a força necessária para atravessar a provação presente. Se começarmos a pensar naquilo que vai acontecer mais tarde, estaremos correndo o risco de sermos submergidos. Trata-se de vivermos cada instante doloroso ou alegre neste sentimento de presença.

O anjo ou o mestre interior diz ainda:

> O maior dom que nos é dado
> é o de poder dar.
> É desta maneira que nós nos transformamos
> E que somos ele.

Recebemos a capacidade de dar e, através deste poder do dom que está em nós, é a própria vida d'Aquele que É que se atualiza.

Toda planta dá seu fruto,
todo ser dá o ser,
esta é a lei, todos a ela estão submetidos,
nós somos livres para doar ou não doar,
nós doamos livremente.

Meditação

De qual maneira a vida quer se doar em nós, através de nós?
De qual maneira única?
Qual forma a vida quer tomar em mim para se doar?
Qual é a minha maneira de amar?
Qual é a minha maneira de ser inteligente?
Qual é a minha tarefa?
Qual é o meu objetivo, o meu fim?

É o momento de estarmos à escuta, de deixarmos o anjo nos inspirar, sabendo que este instante pode ser decisivo. Não se trata de prevermos as coisas, mas de tomarmos a decisão de sermos vigilantes, de estarmos atentos.

Quando desenvolvemos em nós esta qualidade de atenção, fazemos apenas um com a vida, no Sopro. A grande vida nunca está longe. Ela respira nas profundezas do nosso ser. Ela está presente em nossa expiração, neste silêncio no fundo da nossa expiração. Deixar vir a inspiração, como o próprio dom que a vida nos dá... existir, estar e ser aqui. Deixar passar o que passa. Permanecer com aquilo que permanece.

Nós podemos oferecer este momento de silêncio e de paz a toda humanidade, à terra. Nós sabemos que todas as coisas estão interligadas. Não são apenas os anjos que o dizem, os cientistas também o dizem.

O silêncio em nós é capaz de acolher todos os ruídos sem ser perturbado.

"O espaço não é picado pelos mosquitos" – sentir este espaço que acolhe, que escuta tudo o que é, sem opor-se, sem apegar-se.

Voltar à consciência do nome no coração do Sopro, à consciência da presença do Ser que É, no coração do Nome, o "Eu Sou o que Sou" que foi revelado a Moisés.

Observar, sem julgar, nossas impaciências, relaxar nossas tensões, ser um com a vida que nos é dada neste instante.

Receber e doar, inspirar e expirar.

Permanecer neste movimento da vida que recebe e que se doa.

Deixar ser aquele que é, aquele que ama, aquele que busca verdejar e florescer em nós, sem porquê.

Se houver um pouco de paz em nós, haverá um lugar no mundo onde a paz existe.

Se houver em nós um pouco de alegria, haverá um pouco de alegria no mundo.

Acolher com gratidão o dom da vida.

Para o nosso bem-estar, o bem-estar de tudo e de todos...

11
O mestre interior e os diálogos com o anjo

Vimos na Bíblia o anjo se manifestar como mestre interior, ele é esta presença que nos ensina a nos abrirmos, a discernirmos o um no múltiplo. Quando nos sentimos velhos, gastos e fatigados, esta presença nos lembra a capacidade de dar e de gerar o novo.

Há ainda esta presença que nos convida a mantermos unidas as duas extremidades da escada, a não oparmos a matéria à luz. A matéria é a forma mais densa da luz, a matéria ama a luz, assim como a luz ama a matéria, mesmo que essa integração do espiritual e do material em nossas vidas nos faça mancar, como aconteceu com Jacó.

O mestre interior ou a presença do anjo vem nos despertar e nos colocar de pé; nos momentos onde nos sentimos tentados por um sono sem fim, um alimento nos é dado, um alimento externo e um alimento interno para continuarmos o caminho.

O anjo pode nos colocar à prova: é a experiência do mal e do sofrimento em nossas vidas. No final, através dessas provações, nós descobrimos nosso ser autêntico e verdadeiro.

A Bíblia (a biblioteca hebraica) nos fala dessas manifestações do anjo como mestre interior; ainda hoje, o anjo está presente nas revelações particulares, sendo que uma das mais conhecidas encontra-se no livro *Diálogos com o anjo* transmitido por Gitta Mallasz. Posso testemunhar que, para ela, o anjo não era apenas uma imagem, uma ideia ou um conceito, mas uma presença que a acompanharia durante todos os dias da sua vida.

Essas revelações se passam em um dos momentos mais sombrios da história da Europa, durante a Segunda Guerra Mundial. Os quatro amigos que estavam reunidos nesta escuta do anjo eram ameaçados por todos os lados, os encontros aconteceram pouco antes de eles terem sido condenados à morte. Três integrantes deste grupo eram judeus: José, Hannah e Lili; a quarta, Gitta, era cristã, por isso ela conseguiu escapar do massacre e nos transmitir o que eles receberam quando estavam reunidos.

Estamos em 1943, mais precisamente, no dia 25 de junho de 1943. Os quatro amigos tinham o hábito de reunirem-se para conversar sobre questões essenciais para eles. Em um dado momento, o tom de voz de Hannah muda e ela diz: "Atenção, não sou mais eu quem estou falando".

É como se uma inteligência ou uma presença falasse através dela. Poderíamos nos perguntar o que foi frequentemente perguntado a Gitta Mallasz: Hannah não era simplesmente um *channel*, um canal, uma médium? Hoje em dia, conhecemos muitos canais e médiuns, existem diversos livros que nos transmitem esse tipo de testemunho.

Para Gitta, Hannah não era um canal ou uma médium. "Hannah jamais esteve em transe, nem em um estado particular, seus olhos sequer estavam fechados durante os encontros. Sua consciência estava tão desperta que ela percebia os fatos da vida visível e da vida invisível", da mesma maneira como podemos ouvir os barulhos do que está acontecendo na sala ao lado e prestar atenção ao Sopro que nos inspira e nos expira.

Gitta vai insistir bastante sobre o caráter natural dos encontros com o anjo. Ela vai dizer que esta voz interior é a voz do nosso Self, é o Self no coração do eu ou do ego, é o nosso duplo de luz. Alguns falam de inteligência superior. Gitta falará sobretudo da presença do anjo como de uma presença do mestre interior. Não se tratava de uma tentativa de comunicação com os mortos ou com os espíritos, ou da busca por um estado alterado de consciência. O anjo terá por vezes palavras muito duras sobre o espiritismo. Ele dirá:

> "Não são os mortos que devem ser invocados, mas a vida eterna!"
> "Nós nos tornamos aquilo que invocamos. Deixem os mortos com os mortos!"

Nós recebemos aquilo que invocamos, nós nos tornamos aquilo que amamos, aquilo que olhamos. É como um espelho: se o virarmos para a luz, ele se tornará luz; se o virarmos para o caos, ele se tornará caos.

Uma das mensagens do anjo e do mestre interior é a de nos lembrar que pouco importam as situações onde nos encontramos, pouco importam as sombras que nos atravessam, nós podemos dirigir nossa inteligência e nosso coração para a luz. Essa capacidade de nos elevarmos é o exercício da nossa liberdade.

> Invoquemos a alegria, e seu reino virá.

Essas palavras são pronunciadas em um dos momentos mais tristes e mais dramáticos da nossa história. É em momentos como este que o anjo vem ao nosso encontro; ao invés de nos mergulhar na tristeza, em um estado de vitimização, onde nos fazemos de vítimas, ele nos lembra a força, a nobreza e a alegria que existem em nós.

Podemos nos fazer objeto das circunstâncias, objeto dos nossos sintomas, ou podemos nos fazer sujeito das circunstâncias: "Eu tenho" um câncer, mas "Eu não sou" um câncer; não nos identificar aos nossos sintomas: "Há tristeza e sofrimento em mim, mas eu não sou esse sofrimento, eu não sou essa tristeza". Deixar ser, então, a alegria e a presença de Eu Sou.

Por que o mal? Por que a guerra? Por que a inveja, a violência? O anjo nos diz:

> O mal é o bem em formação,
> o bem que ainda não está formado.
> Tu acolhes o mal em ti
> E o transforma em bem.
> Porque o mal não existe.
> Existe apenas a força que ainda não foi transformada.

O Livro de Jó nos diz que a função do mal é a de nos colocar à prova, mas também de nos tornar mais fortes. O mal é aquilo que ainda não foi transformado. Se estamos doentes, o que devemos fazer com esta doença? O que fazer desta situação difícil? Uma fatalidade ou uma providência?

O anjo nos lembra que as provações da nossa existência são ocasiões de transformação, ocasiões para ser e para descobrir não apenas nossos limites, mas também a força que está no coração desses limites; a paciência no coração das nossas impaciências; a paz no coração das nossas inquietações.

O mal é o bem que ainda não chegou, que ainda não nasceu. Esse é um dos aspectos importantes do anjo: nós estamos incessantemente em transformação, somos "passantes", como dizia o evangelho de Tomé.

Nós estamos em um processo onde se trata de fazermos nascer, através da nossa liberdade e dos nossos atos conscientes, o novo, o bem que deve chegar, o recém-nascido.

O anjo dirá ainda:

> O mal não existe,
> existe apenas a tarefa que ainda não foi reconhecida.

É o reconhecimento daquilo que nos habita que vai permitir a transformação. Tudo que não foi aceito não pode ser transformado. Trata-se de aceitar as sombras que estão em nós, pois é com elas que a luz será feita, é com esta matéria densa e pesada que iremos entrar na luz.

O anjo nos convida a um trabalho de alquimia para transformar o chumbo em ouro; é preciso aceitar o chumbo. O chumbo é por vezes muito pesado; no entanto, o ouro está no próprio coração do chumbo. A pedra filosofal é este amor e esta consciência que podemos introduzir nas provações, é o mestre interior que nos lembra nossa liberdade. Podemos nos abrir ou nos fechar ao movimento da vida que se dá, nós podemos recusar ou aceitar a nossa tarefa. Nossa tarefa é nossa felicidade mais elevada, pois trata-se de amar. Isso não muda a tragédia da existência, mas nos torna melhores atores. *Malach* significa anjo em hebraico, mas também trabalho, tarefa. A presença do anjo em nós é o que transforma cada uma das nossas provações em uma tarefa a ser cumprida. Por vezes, essa tarefa não é fácil, mas, como nos é dito incessantemente, o objetivo é a luz. As provações pelas quais passamos não existem para nos destruir, mas para construir em nós o ser de luz, nosso ser verdadeiro, a própria presença do Eu Sou em nós.

> Eis aqui sua guerra,
> não lutem contra a doença
> mas fortaleçam o que está saudável.
> Isso não é a mesma coisa.
> Eu vos digo mais uma vez:
> "Propagai a saúde".

> Eu vos digo: "Propagai a saúde!
> Transmitam apenas a saúde! Esse é nosso combate,
> Não lutem contra a doença – fortaleçam o que está saudável!"

O anjo nos pede para estarmos à escuta daquilo que está saudável em cada pessoa; essas palavras são muito importantes, sobretudo para os médicos e terapeutas. Não se trata apenas de ficarmos atentos à doença e aos sintomas, mas de cuidarmos daquilo que está saudável no ser humano, pois é a partir disso que a cura poderá ocorrer. Essas palavras do anjo nos lembram a inspiração dada e transmitida pelos terapeutas de Alexandria. Quando dizemos que o terapeuta cuida do ser, isso quer dizer que ele cuida daquilo que não está doente em nós, pois é a partir daquilo que está em boa saúde que a cura poderá ocorrer.

"Não lutem contra a doença, mas fortaleçam o que está saudável." São palavras que o mestre interior repete incessantemente; a presença daquilo que está saudável em nós é fonte de transformação.

Não devemos temer nossos limites.

Gitta reclamava do seu pequeno eu, dos seus limites, do seu ego que ela observava com desprezo; o anjo lhe diz:

> Teu maior tesouro é o pequeno eu,
> todas as pessoas são milagres,
> desde os tempos infinitos onde elas se formam
> e tu, criança, tu o detesta!

Não devemos desprezar nosso pequeno eu; essa forma na qual nós nos encontramos, essa sarça ardente cheia de espinhos é o lugar onde o Eu Sou pode se manifestar, onde o Ser aqui (*Dasein*) quer se revelar. É neste corpo frágil e transitório que a presença do infinito pode ser saboreada e conhecida, é a água viva no interior da ânfora que nós somos; é o espaço que está no interior da ânfora e que preenche todo o universo. Não é necessário quebrar a ânfora para compreender isto, basta abri-la. O anjo dirá que o sofrimento nem sempre é necessário. A consciência é necessária, a consciência deste puro espaço que nos habita. Os sofrimentos e as provações podem "quebrar a ânfora"; por vezes essa é a única maneira de nos abrirmos, mas não é necessário. Estar consciente, no coração do nosso ser finito, do infinito que o habita é o mais necessário, ver a luz na densidade desta matéria.

O anjo nos fala da importância desta união entre a matéria e a luz:

> Se podeis compreender a atração da luz pela matéria e da matéria pela luz.
> Se podeis pressentir o amor da luz através do peso
> Neste instante, saboreareis a embriaguez.

O ser humano é o encontro de ambos, matéria e luz, e esse encontro é simbolizado pela estrela de Davi. Por vezes, somos como estrelas quebradas: dizemos que a luz faz tudo e nos esquecemos da importância do eu; a graça é um peso que nos esmaga, que esmaga nossa humanidade (1). Nós podemos achar que é pelas nossas forças que chegaremos à luz. Neste caso, a graça seria apenas um chapeuzinho, um apêndice (2). É preciso encontrar a estrela, o elo entre os dois (3).

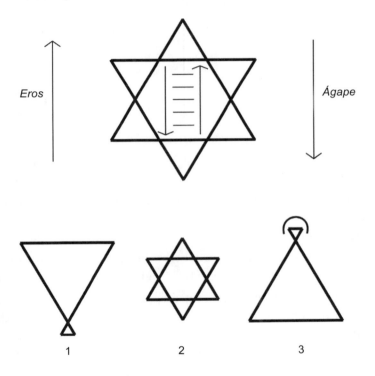

Da mesma maneira, com o símbolo da cruz. Na origem, a cruz representa a união da vertical e da horizontal, das quatro direções que formam o quadrado (1). Por vezes, a cruz pode tornar-se muito vertical; enfatizamos, então, a transcendência e esquecemos da dimensão horizontal; insistimos sobre o amor de Deus, mas esquecemos do amor pelos seres humanos. Essa forma assemelha-se à cruz dos jansenistas (2).

Em outros meios, a ênfase será colocada sobre a horizontal (3), a dimensão social ou humanitária e a dimensão vertical, a dimensão contemplativa, o sentido da transcendência, será esquecido. Também nesse caso, a cruz perde seu equilíbrio e seu sentido.

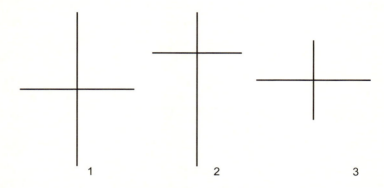

Trata-se de sentir essa dupla atração e de integrar as duas dimensões: a presença imanente do Ser, a presença de Deus no universo, na matéria, no corpo humano, mas também sua presença transcendente, o invisível, "o incompreensível e inalcançável".

"Se pudésseis compreender o amor pela luz", é o que chamamos de *Eros*: o desejo pelo belo, pelo verdadeiro, pelo bem.

"Se pudésseis pressentir a atração, o amor da luz pelo peso, a matéria" – é o que chamamos de Ágape; trata-se de manter os dois unidos, não opor o esforço à graça. Há a nossa parte, nossa orientação, nossa escolha, e há também a graça que nos acompanha, *Eros* e Ágape não são contrários, mas complementares.

Os antigos dizem que um pássaro precisa de suas duas asas para voar e o ser humano também precisa da asa do esforço e da asa da graça, a asa do discípulo e a asa do mestre interior, a asa do ser humano e a asa do anjo.

    Eu te dou a metade da resposta,
    eu omito a outra metade.

Cabe a nós encontrar a outra metade. O anjo não mastiga nosso alimento, ele nos abre o apetite. Gitta Mallasz dizia que o anjo não nos sacia, ele nos dá fome e sede, ele alimenta nosso desejo. O anjo é um grande pedagogo. Nós queremos por vezes dar aos nossos filhos o que eles não nos pediram, um alimento que eles não querem e que eles acabam rejeitando. Isso é verdadeiro sobretudo quando se trata de religião. Respondemos frequentemente a questões que eles não se perguntaram. Seria melhor estimular suas próprias questões, acompanhar suas questões e irmos juntos rumo à Fonte que responde a essas questões, despertar a sede e juntos nos colocarmos a caminho rumo à Fonte...

Gitta Mallasz nos dirá que o que o anjo quer, antes de tudo, é a nossa transformação, mas essa transformação é obra nossa, uma obra que pode ser inspirada pela graça. No entanto, a graça não faz as coisas em nosso lugar, ela respeita nossa liberdade.

Ao olharmos uma rosa, alguns dizem: "Deus faz belas rosas". Outros dirão: "Não foi Deus quem fez a rosa, foi a roseira".

Talvez tenham sido os dois. A roseira, se não houver chuva, sol e a vida, não pode fazer florescer suas rosas, mas o sol e a chuva podem se doar; se não houvesse roseiras, de onde brotariam as rosas? E não devemos nos esquecer do jardineiro, é ele quem faz o elo entre a terra e o céu, e ele poda a roseira para que ela produza rosas cada vez mais belas.

Não é necessário opormos a psicologia à espiritualidade. A psicologia deve "limpar o terreno". É preciso retirar as pedras e regar a planta, esse é o nosso trabalho; mas a seiva, o próprio movimento da vida, isso nos é dado...

A graça do despertar não depende de nós. Nós podemos criar as melhores disposições, mas a graça não é consequência do nosso trabalho. Não é erguendo as velas que faremos com que o vento sopre, mas se tivermos içado as velas teremos que remar menos; o vento pode soprar, se as velas não tiverem sido içadas será preciso continuar a remar dolorosamente.

Platão fala do homem que "perdeu suas asas". Trata-se de reencontrá-las. Não precisamos apenas de ajuda, precisamos de asas; trata-se de encontrar nossa dimensão "alada", espiritual. Nossa tarefa é a de interpretar espiritualmente tudo o que nos acontece; essa interpretação dá sentido, profundidade e sabor à nossa existência. Sobre este caminho, o obstáculo não é um castigo, mas uma provação. A vida confia em nós e, através deste obstáculo, nós podemos crescer.

> Não há desvios, mesmo os mais tortuosos,
> que não possam ser transformados em caminho.

Questões

- *Qual pode ser a utilidade dos diálogos com o anjo na era da ciência?*

Gitta Mallasz se fez essa pergunta ao ser convidada ao colóquio de Córdoba[21]. Alguns pensadores tinham encontrado nos diálogos com o anjo paralelos com as descobertas da física e da neurofisiologia.

> A ciência é a filha do maravilhamento,
> o maravilhamento e a curiosidade são coisas diferentes.
> Há muitos curiosos, mas há também pessoas maravilhadas.
> Nos tempos antigos e ainda hoje em dia, eles veem.

Há uma ressonância possível entre a ciência e a espiritualidade.

No cartaz do colóquio, via-se representado um semblante sonhador de Einstein e a imagem sorridente do anjo sob o fundo de um céu estrelado. É uma bela imagem para este encontro possível entre os curiosos e os maravilhados.

---

21. Congresso que aconteceu em outubro de 1979 e reuniu diversos estudiosos nas áreas científicas mais de vanguarda, da psicologia analítica e arquetípica à neurofisiologia, física quântica etc. Os resultados foram publicados em uma obra intitulada *Science et conscience – Les deux lectures de l'univers*, editada por Stock em colaboração com France Culture, em 1980.

Sob a nova luz reconheceremos que elas fazem apenas um,
a ciência e a religião.
Elas sempre estiveram
Unidas como a melodia e o ritmo,
Inseparáveis.
Cada membro da grande orquestra
Toca separadamente,
Mas a sinfonia é uma.
Por vezes, é o violino quem conduz,
Outras vezes, é o violoncelo.
Por vezes, é a religião,
Por vezes, é a ciência.

Nós podemos desejar à nossa sociedade, sobretudo se ela trabalha para o crescimento e o despertar do ser humano, que ela seja um pouco como esta grande orquestra, na qual cada um toca separadamente. Cada instrumento tem suas características e competências e não devemos misturar tudo, mas tampouco devemos separá-los, pois é o conjunto da sinfonia que é ouvido e escutado.

Da mesma maneira, no nível pessoal: Por que opor a razão à intuição, o sentimento à sensação? É bom termos em vista esta integração e esta harmonia dos elementos e das funções que nos constituem.

• *O senhor poderia falar sobre as hierarquias angélicas?*

A palavra "hierarquia" vem de *hiéros*, santo, e de *arché*, a origem. As hierarquias são diferentes níveis de santidade. Há graus de participação ao Ser. O nível mais próximo da consciência é o que chamamos de anjo. Este anjo vai nos conectar a um outro nível de ser, a uma nova intensidade.

> Dando graças ao Pai que nos fez idôneos para participar da herança dos santos na luz; o qual nos tirou da potestade das trevas e nos transportou para o reino do Filho bem-amado. Em quem temos a redenção pelo seu sangue, a saber, a remissão e o perdão dos pecados.

Ele é a imagem do Deus que não podemos ver, o primogênito de toda a criação. Porque nele foram criadas todas as coisas que há nos céus e na terra, o universo visível e invisível, tronos, dominações, principados, potestades... tudo foi criado graças a Ele e para Ele (Cl 1,12-16).

São Paulo fala do Cristo que integra em seu corpo os tronos, os principados, as dominações (senhorias) e todas as hierarquias dos anjos. Do que se trata?

Cada plano angélico é como o raio de um único sol. Como dissemos a respeito do mestre interior: cada mestre é uma manifestação do único mestre.

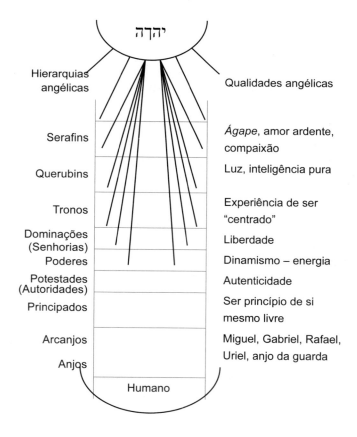

No topo e no centro situa-se o nome do inefável – YHWH – יהוה, o Ser que É o que É. Cada anjo é um raio da divindade que vem iluminar nossa terra, fecundar nossa matéria. É também a imagem da escada de Jacó que faz o elo entre o céu e a terra, o alto e o baixo, o Ser que É o que É.

Os serafins são os mais próximos daquilo que poderíamos chamar de coração da divindade.

Serafim quer literalmente dizer ardente. Temos também os querubins, os tronos, as dominações, *kyriotékès* ou *kyrios* em grego, os poderes, *dynamis* em grego, as potestades, os principados, os arcanjos onde reencontramos Gabriel, Miguel, Rafael, Uriel e, enfim, os anjos.

É sempre o único Real que se manifesta, que irradia com intensidades diversas em cada vida.

Qual experiência podemos ter do serafim? A experiência do fogo, um amor ardente no interior de nós, um amor que não vem apenas do eu: uma compaixão para com toda a humanidade. É a experiência do coração que se abre à presença infinita do *Ágape*, a experiência de uma compaixão incondicional. É a experiência de São Francisco de Assis quando o serafim abre suas mãos e o seu peito.

Há também a experiência do querubim; nós somos invadidos por imagens com este tema. No Ocidente, os querubins são representados como crianças com bumbuns charmosos, que é uma representação curiosa para seres que são puro espírito e não possuem corpos.

Fazer a experiência do querubim em nós é entrar em um estado de visão sem pensamentos, sem projeções. Há apenas uma abertura inocente àquilo que é. Compreendemos sem compreender, vemos a realidade como ela é.

Todos nós conhecemos momentos de visão nos quais somos mais inteligentes do que a inteligência que temos, e durante alguns instantes nós compreendemos tudo, somos oniscientes, mas isso não dura muito tempo, é o nível de consciência querubínica que nos visitou.

O querubim é a abertura da nossa inteligência à presença daquilo que é, em uma visão inocente e maravilhada, próxima daquela de certos cientistas contemporâneos:

> Eu sei o que eu sei, mas eu sei também tudo que eu não sei. Eu sei que o que eu sei é finito, limitado e eu sei que o que eu não sei é infinito, e fico maravilhado não apenas diante do que sei, mas diante de tudo que não sei.

O olho do querubim vê e fica maravilhado diante da realidade que é conhecida e desconhecida, manifestada e oculta, visível e invisível.

A experiência dos tronos é a experiência de estar centrado; de estar bem em sua bacia, enraizado em seu hara. Quando caminhamos na natureza, há momentos onde nos sentimos completamente presentes, há algo em nós que se pousa e repousa. Nesse instante, nós nos encontramos "sob o sol, exatamente".

A presença deste anjo não é apenas uma presença que nos abre o coração, como os serafins, ou uma presença que nos abre a inteligência, como os querubins; é uma presença que nos enraíza em um corpo e no instante presente.

É sempre a mesma vida, o mesmo sol que se expressa e se imprime em nós através dos nossos diferentes centros vitais.

O trono vem nos despertar no nível do hara; os querubins no nível daquilo que a tradição da Índia chama de *ajna*, a inteligência e o serafim vêm nos despertar no nível do coração.

São Paulo diz que os anjos habitam em plenitude no Cristo; todos os centros vitais estão ligados à presença que ele chama de Pai, a origem de tudo que vive e respira.

Há também as dominações[22]. Quando somos senhores? É uma experiência de liberdade, ser senhor é o contrário de ser escravo. Nós levamos frequentemente uma vida de escravos: escravos daqueles que nos cercam, daqueles que nos dominam. Mais frequentemente ainda, nós somos escravos das nossas pulsões, das nossas obsessões, dos nossos pensamentos. Por vezes, nós somos escravos das nossas emoções, das nossas tristezas, dos nossos medos etc.

Nesta escravidão onde nós nos encontramos há as dominações (ou senhorias) que podem despertar em nós o gosto pela liberdade. O senhor em nós é aquele que não é mais escravo de algo ou de alguém, é aquele que é livre. A teologia antiga nos diz que "o senhor é a liberdade do homem". Não devemos entregar nossa liberdade a quem quer que seja. Nossa liberdade é a própria presença de Deus em nós, a presença do senhor. Nós dizemos que Deus é amor, luz e vida, mas dizemos também que Deus é liberdade. São qualidades que temos que desenvolver, é através delas que somos divinizados. Cada anjo é uma qualidade divina, eles nos são enviados para iluminar nossa humanidade.

Há também a experiência dos poderes. Por vezes, estamos muito cansados, esgotados, incapazes de fazer o que quer que seja e, no entanto, descobrimos uma força que não vem de nós, capaz de erguer um peso impossível ou de ajudar alguém que é insuportável.

---

22. Em francês, a ordem angélica conhecida como "dominações" é chamada "*seigneurie*", ou seja: senhores, senhoria [N.T.].

Penso que todas as mães que deram à luz fizeram a experiência desse poder, desta força que pode nos atravessar, que está em nós e é infinitamente maior do que nós.

Nós podemos pedir ajuda a esses poderes quando temos a sensação de que não conseguiremos mais alcançar nossos objetivos. Uma grande energia nos será dada.

Em grego, *dynamis*, poder, também pode ser traduzido por energia ou dinamismo, a energia da vida.

Há ainda as potestades[23]. Qual é a diferença entre poder e autoridade? Ou entre autoridade e autoritarismo?

Talvez tenhamos conhecido pessoas autoritárias que nos dominaram, mas essa não é a verdadeira autoridade. Há professores que precisam gritar para afirmar aquilo que para eles é verdadeiro e outros que não têm necessidade nenhuma de gritar.

A autoridade é a verdade, a verdade que habita um ser e que não precisa ser autoritária. É a autoridade da própria vida, a autoridade do Ser e não a autoridade de um poder em particular. Um dos sinais de uma verdadeira autoridade é que ela autoriza. Por vezes, nós precisamos ser autorizados para fazer o que temos que fazer.

Em nossa sociedade não encontramos muitas pessoas que têm autoridade, pessoas que nos dão a autorização de ser o que somos, mas não faltam pessoas autoritárias. Ter autoridade sobre nossos filhos não quer dizer dominá-los, nem conduzi-los por caminhos que são apenas os nossos próprios caminhos, mas ajudá-los a descobrir seu próprio caminho. Autorizá-los a serem diferentes de nós.

Para ter autoridade é preciso estar bem centrado, é preciso estar em seu lugar. Apenas aquele que é realmente ele

---

23. Em francês, a hierarquia angélica conhecida como "potestade" é chamada "*autorité*", autoridade [N.T.].

164

mesmo pode autorizar ao outro a ser ele mesmo, e essa autoridade é um anjo. Quando a autoridade nos falta, podemos pedir ajuda a esta força que nos coloca no nosso centro e nos liberta do autoritarismo e da vontade de poder. O anjo não tem autoridade, exceto a autoridade do Ser, a autoridade de Eu Sou em nós.

Vêm então os principados. Aqui reencontramos a palavra "princípio". Na Bíblia, o anjo diz a Abraão para não chamar mais a sua mulher de Sarai, mas de Sara. Qual é a diferença? Sarai quer dizer "minha princesa"; Sara quer dizer "princesa". Eis o caminho: você não é apenas a minha princesa, você é princesa por si mesma, você tem em si seu próprio princípio. Você não me pertence, você pertence a si mesma e pertence ao Ser que te faz ser, ao princípio que faz de ti uma princesa.

Trata-se de afirmar nossa diferença, não contra o outro, mas com o outro.

O anjo nos convida ao respeito. Respeitar o outro em sua alteridade e na sua diferença e pedir para ser respeitado na sua diferença. Eu não te pertenço, não sou a tua coisa. Quando dizemos "eu sou o que sou", há um eco do nome divino: "Eu Sou quem Sou".

Os arcanjos: Miguel, Gabriel, Rafael e Uriel.

Miguel é o anjo do discernimento: "Quem é como Deus? Nada nem ninguém é Deus a não ser Deus". Nós já evocamos o Cristo na mandorla, que fica no meio, e em torno dela o tetramorfo: o touro alado, o homem alado, a águia e o leão alado.

Estas quatro dimensões correspondem aos quatro elementos — água, ar, fogo, terra — e às quatro funções: a razão, a intuição, o sentimento e a sensação. A essas correspondências entre os quatro elementos, as quatro direções, as quatro

165

funções, podemos acrescentar os quatro arcanjos e os quatro protagonistas do diálogo:

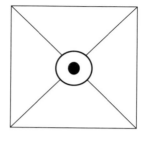

MIGUEL, RAZÃO, DISCERNIMENTO, ÁGUA, HOMEM ALADO, O ANJO DE HANNAH: "AQUELE QUE MEDE"

GABRIEL, INTUIÇÃO, O AR, A ÁGUIA, O ANJO DE GITTA: "AQUELE QUE IRRADIA"

Ö, O SER, "EU SOU"

URIEL, SENSAÇÃO, TERRA, TOURO ALADO, O ANJO DE JOSé: "AQUELE QUE CONSTRÓI"

RAFAEL, SENTIMENTO, FOGO, O LEÃO ALADO, O ANJO DE LILI: "AQUELE QUE AJUDA".

"El", que quer dizer Deus, encontra-se no nome de todos os arcanjos: Mika-El, Rafa-El, Gabri-El, Uri-El – é literalmente uma direção. O poeta Rainer Maria Rilke dizia que Deus é uma direção, uma orientação voltada para uma luz mais elevada.

Miguel é aquele que nos orienta pelo discernimento; ele é frequentemente representado com a espada que simboliza a palavra, discursiva e discriminante. Ele nos lembra que apenas Deus é Deus, apenas o absoluto é absoluto, todo o resto é relativo. Miguel nos liberta dos ídolos e da idolatria, ele nos ajuda a não fazermos de uma realidade relativa uma realidade absoluta. Ele nos permite colocar as coisas em seu lugar e não fazer de uma pessoa, de um livro, de uma doutrina ou de uma instituição, um absoluto. Miguel é a afirmação da transcendência de Deus.

Gabriel é o mensageiro; são as mensagens, as informações que iluminam nossa vida, a palavra criadora que se encarna em nós.

Rafael é o anjo do Livro de Tobias, "Deus cura", o anjo dos terapeutas. No Livro de Tobias está escrito que "o anjo que cura" o acompanha ao longo do caminho. O texto menciona o fel do peixe – será que já se trata de uma espécie de homeopatia? É a partir do veneno que podemos curar o veneno, é uma questão de dosagem.

Uriel é o anjo da terra e do céu, "aquele que constrói" como o anjo de José nos *Diálogos*, aquele que coloca os fundamentos sobre os quais o edifício pode ser erguido em direção à luz. José, antes do seu encontro com o anjo, era materialista. O anjo não destruiu nele essa afinidade, pois é a partir da matéria que nos elevamos em direção à luz.

O anjo de Lili é "aquele que ajuda". Lili vivia no afetivo, o sentimento. Mesmo no campo de concentração de Ravensbrück procuravam sua presença, pois havia nela uma força que curava, que ajudava. A energia de Rafael ou do seu anjo a acompanhava.

Todas as mensagens recebidas nos *Diálogos* passaram por Hannah, e é através dela que as intuições tornam-se palavras. Gitta Mallasz diz que na personalidade de Hannah havia algo de muito exigente, às vezes muito incisivo, uma grande inteligência. Quando ela recebia as mensagens dos anjos, ela não perdia a razão, ela sempre permanecia lúcida. Sua razão não era destruída, ela se abria a uma razão mais elevada.

O anjo de Hannah é "aquele que mede", e essa é uma das funções do pensamento: medir as coisas, colocá-las em seu devido lugar.

O anjo de Gitta é aquele que brilha; aqui não estamos mais na esfera da palavra, mas da irradiação do Ser.

No livro *Diálogos* há um quaterno que é uma espécie de manifestação da presença central que no texto original húngaro é chamado de Ö, Ele. Para cada anjo, Ele é o Cristo, "Eu Sou".

O dom do Ser pode se aproximar ainda mais da nossa humanidade, descer até àqueles que chamamos de anjos, os anjos da guarda.

Alguns dirão que o anjo no ser humano é aquilo que chamamos de *noùs* na antropologia grega; esse é um tema que será desenvolvido no evangelho de Maria: a dimensão contemplativa e alada do ser humano. É o ser humano que abre seu cálice e deixa todas as qualidades do Self e do espírito (*pneuma*) preenchê-lo.

Para Jung, a doença ou o desequilíbrio psíquico são o resultado de uma falta de integração das quatro funções. Alguns se fecham nos limites da razão, falta-lhes o coração. Outros têm um coração muito bom, mas carecem de inteligência. Outros ainda têm sensações muito fortes, mas falta-lhes luz; e há aqueles que têm intuições magníficas, mas não têm "os pés sobre a terra".

Jung chamará a integração de todas as nossas funções de "a experiência do Self".

Nós podemos invocar todos esses graus ou níveis de ser que chamamos de anjos.

Invocar Miguel se tivermos necessidade de discernimento.

Invocar Gabriel se tivermos necessidade de informação.

Invocar Rafael se tivermos necessidade de cura.

Uriel, se tivermos necessidade de força e enraizamento.

Pouco importa o nome, o importante é reconhecer que essas forças estão presentes no coração do universo; se as invocarmos, elas virão. Nós nos tornamos aquilo que invocamos...

É bom invocar os principados para ter a coragem de dizer "eu" e para respeitar o outro.

É bom invocar as potestades (autoridades) quando sentimos que aquilo que dizemos não tem autoridade, a verdade nos falta, o Ser nos falta.

É bom invocar os poderes quando não temos mais energia, quando nossas forças estão esgotadas.

É bom lembrar as dominações (senhorias), nos lembrar que somos livres e que não temos outro mestre a não ser Deus ou o Real soberano e que não é justo nos submeter a uma doutrina, a uma pessoa ou a uma instituição. Apenas Deus é Mestre, e todos os mestres, interiores ou exteriores, que podemos ter em nossas vidas, não devem nos manter na sua dependência, mas nos religar a Ele, liberdade transcendente que existe em cada um de nós.

Quando nos sentirmos sem eixo, é bom nos lembrarmos dos tronos e reencontrarmos neles nosso centro vital.

Quando nossa cabeça estiver perturbada pela confusão ou estiver nas trevas, nós podemos evocar o querubim, nos lembrar desta inteligência maravilhada, infinitamente próxima do Ser, que é o que ele é.

Quando tivermos o coração seco ou fechado, quando tivermos medo, é importante nos recolocarmos na presença do serafim e reencontrarmos o calor, a luz e a paz do coração...

Cada um desses anjos pode ser nosso mestre interior, transmitir-nos as qualidades divinas que nos faltam e, desta maneira, restaurar, em nós, a imagem e a semelhança de Deus que brilha sobre a face e no corpo de Cristo.

12
O Espírito de Cristo como mestre interior

Para o cristão, Jesus é o mestre espiritual por excelência; um mestre que recusa o título de mestre se este lhe der qualquer poder ou autoridade que entrave ou impeça a liberdade de outrem. Nisso Ele se distingue dos mestres da sua época (e de todas as épocas):

> E amam os primeiros lugares nas ceias e as primeiras cadeiras nas sinagogas, as saudações nas praças públicas e a serem chamados de mestre pelos homens. Vós, porém, não vos fazes ser chamado de mestre pelos homens, pois um só é o vosso mestre e todos vós sois irmãos. E a ninguém na terra chameis vosso pai, pois tendes um só e é o vosso Pai: nosso Pai celeste, o qual está nos céus (Mt 23,6-9).

Ao título de mestre, ele prefere o título de servidor (cf. Jo 13,12-15); ao título de pai, o de filho.

"Vós me chamais Mestre e Senhor e eu sou, mas eu estou no meio de vós como aquele que serve." Ele lava os pés dos seus discípulos e isso não é apenas um gesto de humildade, mas um gesto de revelação; Ele revela qual Deus habita nele, qual poder...

Se Deus é amor, Ele não pode nos olhar de cima. Ele se coloca aos nossos pés, não para rastejar, mas para nos curar e nos colocar de pé (nós todos temos tornozelos mais ou menos inchados, como Édipo). Seria preciso lembrar que as palavras *podos* e *païdos* (o pé e a criança) são próximas em grego. Yeshua cuida da nossa criança doente, nossas raízes feridas; seu gesto é um pouco feminino – será que Ele o aprendeu com Maria Madalena?

Ele é sobretudo maternal, o que certos discípulos, como Pedro ou Judas, terão dificuldade em aceitar.

Ter por mestre um servidor e um filho deveria nos libertar de toda pretensão de ser mestre ou de ser pai, o que não quer dizer fugir das nossas responsabilidades e das cargas ou dos filhos que nos são confiados, mas compreender que há apenas uma Fonte para toda realidade (Yeshua dá a esta Fonte o nome de Pai, aquele que o engendra, lhe dá a vida).

Ele poderia lhe dar o nome de Mãe, trata-se da mesma Fonte. Não há pai sem mãe e vice-versa.

É a mulher que faz do homem um pai, assim como é o homem que faz da mulher uma mãe.

Assim, é simbolizada a relação primeira ou original que fundamenta tudo que existe, a fonte de toda realidade, de toda manifestação do único Real.

Ser filho (ou filha) é viver na intimidade desta relação.

"Aquele que crê em mim, não é em mim que ele crê, mas naquele que me enviou."

Quando, em minha vida quotidiana e em algumas situações difíceis, eu me pergunto: "O que Cristo faria no meu lugar, o que faria o meu Mestre?" Tenho a impressão de ouvir esta resposta: "Antes de tudo, Ele se voltaria para o seu Pai".

Antes de fazer qualquer coisa é pedido a mim para me conectar e religar à Fonte do meu ser e de todo ser, "no sopro e na vigilância"; ou seja, no Espírito Santo, o Mestre interior, e unir-me ao silêncio que vem antes de qualquer pensamento e qualquer palavra e, então, deixar ser, deixar fazer "aquele em quem nós temos a vida, o movimento e o ser".

Aquele que age segundo o ser e a vontade do Pai é sempre um servidor, pois aquele que serve (através de uma ação física, afetiva, intelectual ou espiritual) mantém-se no *Ágape*, o amor que é Deus.

Se há mais amor em servir do que em ser servido, há também mais alegria, e o critério de que minha ação é justa é a humildade e a alegria que ela me dá, quaisquer que sejam as dificuldades para a sua realização.

Orar é escutar, é respirar incessantemente no movimento da vida que se dá. Essa escuta é alimentada pela leitura e pela meditação das palavras que lhe são atribuídas.

O mestre interior que me fala no livro das Escrituras é o mesmo que me fala no livro da natureza e no livro do coração. É o espírito criador, o *poiétes*, o grande poeta que inscreve seu ritmo no livro aberto do nosso corpo.

Na tradição cristã ortodoxa, damos o título de mestre ou de pai espiritual àqueles que, à imagem do Cristo, não se tomam por mestre ou pai, mas que se colocam como servidores, discípulos da Fonte única e absoluta de todas as realidades múltiplas e relativas. Seu objetivo não é o de ter filhos para si, mas filhos para Deus e lhes testemunhar toda exigência e ternura, verdade e amor que vêm dele.

Se a palavra não fosse ambígua, eu diria que em minha vida tive mais amantes/mestras do que mestres espirituais[24]. Particularmente, monjas dominicanas: a Irmã Marie Thomas de Prouilhe, por exemplo. Seu abandono a Deus, sua intercessão pela salvação de todos os seres humanos me marcaram profundamente; com uma outra irmã, ela me apresentou aos escritos das beguinas Hadewijch d'Anvers e Marguerite Porete. Essas mulheres foram as mestras espirituais dos grandes místicos renanos como Eckhart, Tauler, Suso, aos quais frequentemente faço referência.

---

24. No original em francês: "Si le mot ne prêtait pas à ambiguïté, je dirais que dans ma vie, j'ai eu plus de maîtresses que de maîtres spirituels". Em francês a palavra "*maîtresse*" pode ser traduzida tanto por "mestra" como por "amante", daí a ambiguidade à qual o autor se refere [N.T.].

A inspiradora dessas mulheres místicas é Maria Madalena, a mais carnal e a mais espiritual de todas. Seu evangelho[25] nos lembra que ela foi o apóstolo dos apóstolos; sua fé, seu conhecimento e seu amor fazem dela uma das fundadoras do cristianismo.

Redescobrimos hoje em dia o lugar do feminino nas Igrejas; isso deveria dar um outro estilo à teologia, não menos racional, porém mais contemplativo; não menos rigoroso, porém mais amoroso.

Como o mestre exterior, o mestre interior pode ser feminino; uns podem ser chamados de órgãos do Logos e os outros de órgãos da Sofia, mas Logos e Sofia remetem a uma realidade que, evidentemente, encontra-se além dos gêneros.

Eu realmente creio que o desejo de todo mestre, de todo pai e de toda mãe espiritual, interiores ou exteriores, é, através do seu ensinamento, da sua energia, da sua prática e sua graça, aprimorar, tornar melhores, todos aqueles que se dirigem e confiam a eles. Não é um acúmulo de saberes, mas uma transformação da nossa vida carnal, psíquica, afetiva, intelectual e espiritual; uma escuta, uma abertura ao Real que nos faz um com Ele. Há apenas um único mestre, e é a vida. A vida se encarrega de tirar nossas ilusões e de nos revelar "o que é verdadeiramente". Na sua benevolência, ela toma por vezes o corpo e o rosto de um ser humano, mas não é para que permaneçamos ligados a ele. "O mestre é como uma bomba de gasolina; podemos nos abastecer de combustível, mas não é para que fiquemos girando em torno da bomba, é para irmos mais longe", disse-me Graf Dürckheim.

O mestre exterior não tem outra função a não ser a de despertar em nós o mestre interior para que este descubra que faz apenas um como o mestre eterno.

---

25. *O Evangelho de Maria Madalena*. Trad. e comentado por Jean-Yves Leloup. Petrópolis: Vozes, 1998.

Nós já mencionamos isso e vamos repetir: o importante talvez seja o discípulo; o corpo, o coração, a inteligência que escutam; o discípulo recebe incessantemente, com gratidão e no repouso do seu ser, a palavra do mestre, a informação criadora:

Seja vivente! Alegra-te, permanece no movimento da vida que se dá.

Ama! (*Eros*) o amor (*Ágape*) e faz o que quiseres...

Sê consciente! E faz o que puderes...

Conecte-se conosco:

facebook.com/editoravozes

@editoravozes

@editora_vozes

youtube.com/editoravozes

+55 24 2233-9033

www.vozes.com.br

Conheça nossas lojas:

www.livrariavozes.com.br

Belo Horizonte – Brasília – Campinas – Cuiabá – Curitiba
Fortaleza – Juiz de Fora – Petrópolis – Recife – São Paulo

EDITORA VOZES LTDA.
Rua Frei Luís, 100 – Centro – Cep 25689-900 – Petrópolis, RJ
Tel.: (24) 2233-9000 – E-mail: vendas@vozes.com.br